3평 고물상의 기적

젊은 고물상 이석수
세상의 편견을 깨다

"남들이 버린 박스 한 장이 나에겐 따뜻한 밥이고 꿈이었다."

젊은 고물상 이석수
세상의 편견을 깨다

3평 고물상의 기적

초판 1쇄 2013년 12월 16일
초판 2쇄 2014년 5월 26일

지은이 이석수
펴낸이 방영배, 곽유찬

기 획 정 욱
편 집 심경보
디자인 신정난
펴낸곳 다음생각

주소 경기도 고양시 덕양구 화정동 967 송화빌딩 213호
전화 031-963-2123 **팩스** 031-963-2124 **이메일** nt21@hanmail.net
출판등록 2009년 10월 6일 제2011-000148호
인쇄·제본 상지사 **종이** 월드페이퍼
ISBN 978-89-98035-26-6 (13320)

※ 책값은 표지 뒤쪽에 있습니다.
※ 파본은 본사와 구입하신 서점에서 교환해드립니다.
※ 이 책은 저작권법에 의하여 보호를 받는 저작물이므로 무단 전재와 복제를 금합니다.

젊은 고물상 이석수 세상의 편견을 깨다

3평 고물상의 기적

이석수 지음

다음생각

PROLOGUE

세상의 편견을 KO시킨 감동 스토리

요즘 백 명의 사람을 만나면 백 명의 사람 다 힘들다고 말한다. 내가 낡은 1톤 트럭 한 대로 고물상을 시작한 지 10년이 넘었지만 나도 수많은 어려움을 겪으며 여기까지 왔다. 물론 고물상도 불황을 피해 갈 수는 없다. 하지만 내가 가족과 친구, 이웃들도 꺼리는 직업을 천직으로 삼고 일하는 것은 바로 그 사람들과 함께 행복을 꿈꾸기 때문이다. 나 혼자만의 성공보다는 비록 적은 돈이라도 함께 나누고 함께 꿈을 만들고 싶기 때문이다. 단순하지만 바로 이것이 수많은 어려움 속에서도 내가 흔들리지 않았던 이유다.

사람들은 고물상이라는 곳을 어떻게 생각할까? 인생의 바닥까지 내려갔을 때나 하는 일, 지저분한 곳, 꺼리는 직업, 폐지를 줍는 할머니, 할아버지, 가난 등 부정적인 단어들이 떠오를 것이다. 하지만 이곳은 외모도 나이도 학력도 중요하지 않은 오로지 정직한 땀으로만 살아가는 곳이다. 얼마를 버는 것보다 그들이 필요한 하루 한 끼, 밥 한 그릇처럼 정직한 대가가 돌아오는 곳이다.

그래서 더욱 내 자신을 채찍질하고 더 긍정적으로 살려고 노력했는지도 모른다. 그 시간이 하루하루 쌓이면서 버리지 말아야 할 원칙을 지키며 살아왔다고 자부한다.

폐지를 처음 줍던 그날의 첫 마음을 늘 잊지 않는다. 지금은 어느덧 연매출 30억이 넘고, 〈인간극장〉, 〈경제야 놀자〉 등 TV와 언론에 소개되어 많은 사람에게 알려지기도 했지만 처음 낡은 1톤 트럭으로 밤새 폐지를 줍고 받은 돈은 고작 2만 원이었다. 창피하기도 하고 처량하다는 생각도 했지만, 당시의 2만 원은 이후 조금 유명해지면서 방송에 대한 욕심을 부릴 수도 있었고, 편법과 속임수로 더 많은 이윤을 남길 수도 있었던 나에게 정직한 땀의 가치를 첫 마음으로 간직하게 해준 소중한 경험이었다.

석수자원에는 '직원'이 없다. '동지'만이 있을 뿐이다. 주변에선 항상 "고물상에 사람이 너무 많아. 1톤 트럭, 집게차를 이렇게까지 늘리면 손해야. 직원들 기숙사 제공에 생활비까지… 돈이 넘쳐냐?"라고 우려 섞인 말들이 많았다. 하지만 나는 생각이 달랐다. 우리 고물상에는 한 명 한 명이 바로 CEO라는 생각으로 그들에게 필요한 모든 것을 지원했고 그 결과 일 인당 연매출이 3억에 육박하는 성과를 내고 있다. 물론 그러한 것을 바라고 했던 일은 아니다. 눈앞의 이익보다는 그저 그들과 계속 함께하고 싶다는 소박한 생각이 나에게는 더 가치가 있다고 여겼을 뿐이다.

쉽게 현실과 타협하지 않았다. 때론 목숨까지도 걸었다. 지금은 방송 등에서 젊은 고물상 사장들이 심심치 않게 소개되지만, 10년 전에는 아무것도 모르는 초짜가 배우기에 고물상은 그리 쉬운 일이 아니었다. 투박하지만 사람들의 마음을 움직일 수 있는 나의 무기는 상대방을 속이지 않는 정직함과 항상 진심으로 일하는 성실함뿐이었다. 고물상에서 가장 중요한 고물 가격 공개는 목숨을 위협받을 만큼 업계에 큰 파장을 불러왔지만 파는 사람과 사는 사람의 마음을 얻을 수 있었다. 또한, 고물을 수거한 후 주변을 깨끗이 정리하는 작은 습관은 내가 계속 고물상을 할 수 있는 밑거름이 되기도 했다. 단지 기본을 지키고자 했던 사소한 일들이 진정성과 성실함에 더해져 놀라운 결과를 낳은 것이다.

  한번 믿음을 준 사람들을 절대 저버리지 않았다. 방송을 타고 많은 사람이 석수자원에 찾아왔다. 하지만 모든 사람을 다 받아들일 순 없었다. 어떻게 하면 떼돈을 벌 수 있을까 하는 생각에서 오는 사람도 많았기 때문이다. 고물상이 떼돈을 버는 곳도 아닐뿐더러 그런 사람들은 한 달도 못 버티고 이곳을 떠날 것이 뻔했다. 하지만 진정성과 절실함이 있다면 누구나 다시 일어설 수 있는 곳이 또 고물상이기도 하다.
  석수자원 직원들은 사연과 상처가 많은 사람들이다. 그들의 수많은 아픔과 상처는 쉽게 아물지 않을 것처럼 보였다. 하지만 지금은 석수자원을 움직이는 최고의 직원으로 제2, 제3의 석수자원을 꿈꾸며 새로운 인생을 살고 있다. 나 또한 인생 스승이신 수연상회 김영수 사장님, 장인어른, 그리고 무엇보다 아내가 없었다면 지금의 이석수와 석수자원은 존재하지 않았을 것이다.

  "태풍이 지나가기를 기다리거나 비를 잠시 피하는 것보다 그 비와 함께 춤추는 법을 배워라"는 말이 있다. 삶은 앞날을 예견

할 수 없다. 다시 바닥으로 떨어질 수도 있고, 지켜야 하는 가족과 사랑하는 사람들을 돌볼 수 없는 상황에 놓일지도 모른다. 어려움과 상처를 잠시 피한다고 해결될 수 있는 것은 없다. 세상의 시선은 중요치 않다. 포기하지 말아야 한다. 살려고 몸부림치는 것은 애처로운 삶이 아니라 이 세상에서 가장 멋지고 아름다운 삶이다.

  이 책은 절대 부자가 되라고, 무조건 성공하라고 쓴 것이 아니다. 수백억 수천억 매출을 이룬 성공 신화처럼 화려하지도 않다. 어쩌면 투박하지만 솔직한 우리 주변의 이야기일지도 모른다. 단지, 힘든 시기에 조금이라도 나 같은 사람을 보고 힘을 냈으면 좋겠다는 바람이 담겨 있을 뿐이다. 그 바람이 장사를 하는 사장님이든, 회사 생활에 지쳐 고민하는 직장인이든 인생의 어느 한 시기를 겪고 계실 분들께 희망의 기운으로 전해졌으면 좋겠다.

CONTENTS

| 프롤로그 | 세상의 편견을 KO시킨 감동 스토리 • 8

세상에 단 하나뿐인 꿈 고물상

1
24시간 꿈꾸는 고물상, 석수자원 • 19
갑작스러운 제안 • 23
함께 꾸는 꿈 • 28
내 인생의 CEO • 31
좋은 아빠 되기는 너무 어려워 • 36

젊으니까 괜찮아

2
가난은 한 치도 물러설 수 없게 만든 원동력 • 45
고등학교 졸업조차 내겐 사치였다 • 52
열여덟, 사회란 놈은 결코 만만치 않았다 • 58
시골 촌놈을 믿어준 불만제로 사랑 • 67

남들이 가지 않는 길을 가다

3

양복쟁이 생활 그리고 운명 같은 부름 • 79
아버님, 차라리 절 죽이세요! • 87
9개월 만의 승리 • 95
호랑이를 잡기 위해 호랑이 굴로 들어가다 • 104
세상의 손가락질 따윈 개나 줘버려 • 111
고수에게 한 수 배우다 • 118

3평 고물상의 기적

4

지치든지, 미치든지 • 129
3평 작업장과 1톤 장사 넘어서기 • 136
최고의 고물상 스승을 만나다 • 144
나를 담보로 또 한 번의 모험을 감행하다 • 151
초심을 다시 생각하다 • 160
석수자원이 아닌 재선자원 • 172

하루 2만 원에서 30억 매출까지

5

단순해져라 :
진정성으로 사람의 마음을 움직여라 • 183

가능성이 있는가 :
철저히 현실에 기반을 두고 꿈을 꿔야 한다 • 191

기본은 기본이다 :
결국은 성실함이요, 남는 건 신용뿐이다 • 197

꽃보다 긍정이다 :
비를 피하는 법이 아니라 빗속에서도 춤출 줄 알아야 한다 • 204

월요일이 두렵지 않다 :
직원을 만족시키면 고래도 춤춘다 • 211

순리를 따르라 :
마진 없는 장사를 하라 • 217

소통하는가? 호통치는가? :
우리는 모두가 구원투수 • 224

해봤어? :
실패는 경험을 통해서만 알 수 있다 • 234

절실함을 내면화하라 :
나의 의지가 나의 미래를 만든다 • 240

| 에필로그 | 함께 나누고 함께 행복하자 • 246

1

세상에 단 하나뿐인 꿈 고물상

24시간 꿈꾸는 고물상, 석수자원

밤새 개들이 몇 차례 연달아 짖어대더니, 아니나 다를까 테이블 위의 장부에는 밤새 왔다 간 단골 1톤 트럭 고물상들의 기록이 적혀 있다. 그리고 장부의 기록대로 마당에 부려져 있는 파지와 헌 옷들. 부지런히 살아가는 사람들의 그 흔적을 확인하고 있자면 덩달아 에너지가 불끈 솟아오른다.

'오늘 하루도 제대로 멋지게 살아보겠어!' 절로 다짐하게 된다.
"학교 다녀오겠습니다." 우리 집 꼬맹이들이 부산스레 공장을 뛰어나가고 나면, 얼마 안 돼 이번엔 하나둘 우리 직원들이 출근한다. 보통 아침 8시 30분이면 아르바이트 직원을 포함해 열세 명 직원이 모두 출근을 완료한다. 그때부터 작업을 나가기까지는 전열을 가다듬는 시간이다. 전날 회식이 있었으면 회식의 여흥을 서로 대화로 풀며 한바탕 웃기도 하면서 대개 컵라면을 하나씩 먹는다. 일단 작업에 들어가면 끼니때를 놓치는 수도 있고, 작업 자체가 육체적인 노동을 필수로 하는 만큼 작업 들어가기 전에 비축하듯 습관처럼 배를 채우는 거다.

그다음부터는 일사천리다. 전날 퇴근하기 전 모두 테이블에 둘러앉아 다 함께 스케줄을 짜기 때문에 출근 때는 이미 각자의 작업 스케줄을 숙지하고 있는 상태다. 아마 대부분의 직원이 밤새 부지불식중에 내일 방문할 거래처 사장님의 개성이며 작업 동선까지 머릿속에 그렸을 것이다. 물론 그날그날 현장에서 예기치 않은 무수한 변수가 일어나지만 말이다.

"오늘도 파이팅이다!"

"수고하세요!"

둘 혹은 셋이 한 조가 되어 스케줄을 따라 트럭에 몸을 싣거나 공장 작업장에 남아 일을 시작한다. 그때부터 본격적인 석수자원의 하루가 시작된다. 직원들은 보통 하루에 대여섯 탕씩 스케줄을 소화한다. 공장 작업장에서는 각종 분리 작업이 이뤄지고, 끊임없이 공장 마당을 트럭들이 들고 나면서 물건들이 사고 팔린다. 쉴 새 없이 집게차가 움직이면서 물건들을 내리고 다시 트럭에 싣는다.

리어카 장수며 1톤 트럭 고물상까지 포함해 하루 동안 석수자원을 찾는 수많은 사람은 각자가 처한 상황은 다 다르지만 모두 꿈을 좇는 사람들이다. 잘 살아보자는 꿈, 땀 흘린 만큼의 대가를 바라며 꼼수 부리지 않는 건전한 꿈의 소유자들이다. 석수자원은 건전한 꿈의 소유자들인 그분들과 함께 굴러가고 있다. 각자가 꿈을 향해 최선을 다함으로써 멈추지 않고 최상의 호흡으로 굴러가는 열정의 톱니바퀴가 바로 석수자원이다.

하루의 스케줄이 마무리될 무렵 공장 마당 정리가 이뤄진다. 마당을 둘러싸고 파지, 헌 옷, 캔, 고철, 플라스틱, 장판 등등이 품목별 위치에 깔끔하게 배치되고 나면, 마당 비질을 한다. 그리고 일과를 마친 직원들이 테이블에 둘러앉아 하루를 정리하며 내일 스케줄을 짠 후 퇴근을 한다. 하지만 직원들이 모두 퇴근했다 해도 석수자원의 문은 닫히지 않는다.

24시간 꿈을 꾸듯 석수자원의 문은 24시간 열려 있다. 먼 길을 달려와 밤새 석수자원을 찾게 될 1톤 트럭 고물상들은 환하게 어둠을 밝히고 있는 〈젊으니까 괜찮아〉 간판을 확인하게 될 것이다.

괜찮다. 아직은 괜찮다, 꿈이 있으니까. 나는 믿는다. 이렇게만 간다면, 이런 식으로만 최선을 다한다면 언젠가 석수자원을 찾는 모든 이가 꿈을 이룰 수 있게 될 거라고. 누군가는 이런 나를 몽상가라 부를지 모른다. 하지만 난 변변한 작업장도 없이 맨손으로 고물상 일에 뛰어들어 지금의 석수자원을 이뤄냈다. 모두 나를 '정신 나간 놈!', '쓰레기!'라고 욕했을 때 나는 내 미래를 꿈꿨고, 그 꿈들을 하나씩 현실화시켜나갔다. 꿈꾸는 자만이 꿈을 이룰 수 있다. 그러니 거기! 주저앉아계신 분, 그만 훌훌 털고 석수자원과 함께 꿈꾸기를 시작하는 건 어떨까요?

갑작스러운
제안

 함께 꿈꾸는 세상에 대한 나의 갈망을 하늘이 알아챈 건지 뜻밖의 손님이 어느 날 불쑥 우리 석수자원을 찾아왔다.
 "책을 내자고요?"
 처음에는 잘못 들었나 했었다. 농담하는 줄 알았다. 하지만 황당해하는 나와 달리 테이블 맞은편에 앉아 있는 남자의 표정은 사뭇 진지했다.
 "네, 이석수 사장님 얘기를 책으로 냈으면 하는데… 어떻게 생각하세요?"
 말문이 막혔고 머릿속에는 무수한 물음표의 향연이 펼쳐졌다. 흡사 물음표만으로 채워진 세상에 홀로 앉아 있는 듯한 요상한 느낌. 잠시 얼빠져 있던 나는 머뭇머뭇 생각을 가다듬어나가기 시작했다.

먼저 간단히 상황을 정리하자면, 출판사 대표라는 분이 일산에서 안성까지 내려와 내 이야기를 책으로 내자고 하는 거다. 분명 평범한 일이 아니다. 더구나 책이라니! 책이라니! 가방끈 짧은 내가 책이라니! 학창 시절에도 책은 뒷전이었는데! 말도 안 되는 일이었다.

"제가 예전에 방송은 잠깐 해봤지만… 방송이랑 책은 또 다르지 않습니까? 시간도 에너지도 상당히 들어갈 테고… 제가 또 원체 책이랑 거리가 먼 사람이라서. 사정상 힘들겠네요."

완곡하게 거절의 뜻을 전했지만, 출판사 대표님은 그 정도 반응은 예상했다는 투로 대꾸를 해오셨다.

"책이라고 너무 어렵게 생각하지는 마시고요."

책하고 사시는 분이시니 책이 가볍게 느껴질 수도 있겠지.

"책은 위인들이나 멋진 사람들이 내는 거 아닙니까? 제가 대단한 사람도 아니고…."

"사장님도 책을 내실 만큼 충분히 멋지신 분이십니다. 대단하신 분이시고요."

그 말에 솔직히 기분 좋았던 건 사실이다. 누가 나더러 멋지다는데 싫을 사람이 어디 있겠는가. 하지만 구체적으로 뭐가 대단하다는 걸까? 내 연봉이 보통 사람들이 생각하는 고물상의 수준을 훨씬 뛰어넘는 거라서? 종합하자면, 고물상은 지지리 궁상이어야 하는데 내가 별종이라서, 그래서 대단하다는 말인가? 살짝 내 마음이 삐딱해지는 순간이었다.

"글쎄요. 제가 뭐가 그렇게 책을 낼 정도로 멋지고 대단하다는 건지 잘 모르겠네요."

출판사 대표님은 물끄러미 나를 쳐다보다 입을 떼셨다.

"사람들에게, 특히 젊은이들에게 꿈과 희망을 주실 수 있을 테니까요."

와르르 내 안의 부담감과 거부감이 무너져 내리는 게 느껴졌고, 동시에 살짝 삐딱했던 내 마음이 반듯하게 펴지고 있었다.

꿈과 희망이라니! 꿈과 희망이라니! 내가 누군가에게 꿈과 희망을 줄 수 있다니! 가만, 생각해보니 그런 얘기 어디서 들은 적이 있는데? 맞다. 〈인간극장〉 PD도 그때 그렇게 설득했었다. 그러고 보면 난 '꿈과 희망'이라는 말에 무척 약한 인간인가 보다. 아니다. 꿈과 희망이란 말에 약해지지 않는 사람이 어디 있나? 어찌 됐건 내가, 나 이석수가 누군가에게 꿈과 희망을 줄 수 있다는 얘긴데, 더 이상 뭐가 필요하나 싶어졌다.

문제는 책이라는 데 있었다. 하지만 좀 더 머릴 굴려보자니, 방송이 아닌 책이라서 더 좋을 것 같았다. 그리고 그런 생각이 한

번 들자, 점차 걷잡을 수 없이 책이라는 매체가 매력적으로 느껴지기 시작했다. 방송 출연을 해본 경험상 방송의 힘이 무척 크다는 것은 익히 잘 알고 있다. 하지만 나같이 직업이 방송인이 아닌 일반인일 경우는 뭐랄까? 방송은 찰나적이라는 느낌을 받았었다. 이를테면, 내 안의 무언가를 끌어내 보이기 어렵거나 혹은 끌어내 보였다 하더라도 묵은 김치처럼 두고두고 깊은 맛을 낼 수 있는 게 아니라 그 순간 잠깐 반짝하다 이내 사라져버리는 것 같다고나 할까? 그에 반해 책은 옆에 두고 다시 읽으면서 두고두고 그 맛을 전달할 수 있을 것 같았다.

눈동자를 위로 치켜뜨고 잠시 생각을 정리해나가던 나는 결론적으로 '책이라서 좋다!'로 급격히 방향 전환을 하고, 다시 시선을 테이블 맞은편으로 돌렸다.

"정말 제가 꿈과 희망을 줄 수 있을까요?"

반신반의하는 나를 향해 출판사 대표님은 고개를 끄덕이셨다. 믿어도 된다는 얼굴로 힘을 실어.

그렇게 나는 책을 내기로 결정해버렸다. 결국, 이번에도 누군가에게 꿈과 희망을 줄 수 있다는 말 한마디에 홀랑 넘어가버린 거다. 그런데 이번에는 좀 걱정이 된다. 책이 아닌가. 다른 것도 아닌 책. 그럼에도 내 이야기에 누군가 한 명이라도 꿈과 희망을 품고 건강하게 살아갈 수 있다면 그 무엇이 두려울쏘냐.

동시대를 살아가는 지구인으로서 이 정도 수고쯤 못하랴. 쫄 거 없다. 자기최면도 걸어본다.

'나, 이석수! 왕년에 안성 바닥을 주름잡던 몸이야! 이거 왜 이래!'

이때 밖이 소란해지기 시작한다. 시간을 보니 작업 나갔던 조가 들어오나 보다. 공장 내부의 기계며 물건들을 싹 다 빼내는 작업이었으니 만만치 않게 힘들었을 게다. 수고했다고 어깨라도 두들겨줄 생각으로 얼른 밖으로 나가는데 또 머릿속이 복잡해진다.

'사람들이 진짜 내 얘기를 좋아할까? 어디서부터 내 얘기를 들려주면 되려나? 우선 파란만장했던 내 청춘기부터 풀어볼까? 아님 우리 석수자원 소개부터 하는 게 더 나을까?'

일도 하랴, 우리 석수자원 식구들도 챙겨주랴, 책 구상도 하랴, 바쁘다 바빠!

함께 꾸는 꿈

 나 이석수가 고물상 일에 뛰어든 건 2001년 새해가 밝고 며칠이 지난 어느 날이었다. 신혼여행에서 돌아왔지만 대출 받은 빚으로 인해 신혼의 즐거움을 누릴 여력이 없었던, 당장 하루하루 먹고사는 게 문제였던 때였다.
 처음 몇 달은 월급쟁이 고물상으로 일했고, 같은 해 2001년에 월급쟁이를 관두고 본격적으로 1톤 트럭 고물상 장수가 되었다. 당시에는 직원도 작업장도 없이 아내와 함께 일했다. 물량이 늘어나자 집 앞 공터라고 말하기도 민망한 좁은 터에서 수거한 물건들의 분리 작업을 했고, 물량이 더 늘어나자 집이 위치한 과수원의 배나무 네 그루를 허락받고 베어 3평가량 작업장을 만들었다. 그 3평이 우리들의 최초의 작업장이라면 작업장이라고 할 수 있을 공간이었다. 그 후 2003년에 정식으로 〈석수자원〉 사업자등록을 하고, 급속도로 거래 물량이 늘어가면서 10여 년 동안 석수자원은 가파른 성장을 이뤄냈다.

현재 석수자원은 파지(종이), 헌 옷, 고철, 비철(양은, 스테인리스)을 포함해 40여 개의 품목을 취급하고 있다. 처음 고물상을 시작했을 때 우리 하루 수입이 2~3만 원 정도였던 반면, 현재 석수자원의 연매출은 30억을 웃돈다. 3평이었던 작업장은 안성시 중리동 제1공장과 계륵리 제2공장, 미양산업단지에 제3공장을 둔 규모로 커졌고, 과거엔 88년식 고물 수동기어 용달차가 단 하나뿐인 장비였다면 현재는 고정식 집게 1대, 5톤 화물 집게차 4대, 포터 5대, 2.5톤 탑차 1대와 지게차 1대를 보유하고 있다.

그리고 그 많은 변화 중 가장 큰 변화로 나는 함께 꿈꾸는 사람들이 많아졌다는 점을 꼽고 싶다. 아내와 나를 포함해 현재 석수자원은 열세 명의 식구에 의해 꾸려지고 있다. 몇 번이고 고물상이 싫다고 뛰쳐나간 나의 친동생 석하는 물론 과거 안성시 유흥업소 관리영업계의 대부로 파란만장한 삶을 사셨던 최동섭 형, 어릴 적 유소년 축구대표 후보까지 올라갔을 정도로 촉망받던 축구 선수였으나 꿈이 좌절된 후 고물상 일을 시작한 유종상, 부유한 가정에서 곱게 자라 회사 생활 잘 하다 정리 해고 당한 후 많은 방황을 거쳐 석수자원에 들어온 김진천 등… 우리 직원들은 하나같이 석수자원을 통해 새로운 꿈을 꾸며 제2의 인생을 살고 있는 사람들이다.

사업 실패 후 폐인처럼 살았던 내 친구 임대성은 한때 극단적인 시도까지 하며 "죽어지지가 않는다"고 탄식했지만, 이제는 빚 다 갚고 석수자원의 1톤 현장 총책임자로 건실하게 살아가고 있다. 치매에 걸린 시부모와 당뇨로 고생하는 부모님을 모시는 직원들도 있다. 하지만 그런 녹록지 않은 현실 속에서도 그들은 꿈꾸기를 멈추지 않는다.

과거 남들에게 쓰레기였던 박스 하나, 파지 한 장이 내게 꿈이었고 따뜻한 밥 한 공기였다면, 이제는 그 박스 하나와 파지 한 장이 우리 직원들과 함께하는 꿈이 되었고, 함께하는 따뜻한 밥상이 된 것이다. 우리 석수자원은 젊은 고물상이다. 함께 일하고 함께 나누고 함께 울고 함께 웃고 함께 밝은 미래를 꿈꾸는 고물상이다.

내 인생의
CEO

  석수자원과 꿈 얘기를 할 때 특별히 '고맙다'는 말을 이 책을 빌려 꼭 전하고 싶은 사람이 있다. 우리 석수자원의 숨은 CEO, 바로 나의 아내 김미영이다. 아내가 없었다면 나는 여전히 하루살이 인생을 살고 있을지 모른다. 유흥업소에서 하루하루를 방탕하게 살아가던 내게 다른 인생을 찾게 해준 사람도, 고물상 일에 발을 딛게끔 계기를 제공한 사람도, 고물상 일을 관두고 싶을 때 끊임없이 나를 다잡아준 사람도 아내였다. 아내는 겉보기엔 여린 듯하면서도 늘 그렇게 강한 힘으로 나를 이끌었다.

  1톤 트럭 장사를 시작하면서 한창 바쁘게 거래처를 늘려갈 무렵이었다. 공판장에서 아내는 여느 때처럼 파자마에 운동화 차림으로 열심히 박스를 짐칸에 실었고, 나는 뒤에서 쓰레기를 봉지에 담으며 주변 청소를 하고 있었다.

"미영이 언니, 맞죠?"

공판장에 왔던 아내의 대학 후배가 아내를 알아본 것이었다.

"어, 너구나! 오랜만이다, 야."

그 순간 나의 모든 동작이 딱 멈춰버렸다. 아내는 별 생각 없이 반갑게 아는 척을 했는데, 그런 아내를 바라보는 그 후배의 표정이 지금도 잊히지가 않는다. 아내가 너무 불쌍해서 금방이라도 울 듯한 그 후배의 얼굴, 그 표정을 본 순간 난 진정 기적을 바랐다. 나 자신이 땅 밑으로 꺼져버리거나 먼지처럼 세상에서 흔적도 없이 사라져버렸으면. 하지만 기적은 일어나지 않았고, 난 재빨리 등을 돌려 얼굴을 감춘 채 트럭 뒤로 숨어버렸다.

이어서 후배와 아내의 얘기 소리가 들려왔다.

"언니 여기서 뭐 하시는 거예요?"

"응, 우리 남편 일하는 거 도와주고 있어."

난 그 후배가 갈 때까지 숨어 있었다. 죄 짓다 들킨 사람처럼 머릿속은 새하얗고 온몸이 벌벌 떨렸다. 가난이라고는 모르고 살던 아내는 나와 결혼해 덩달아 남들 눈에 불쌍한 사람으로 비치고 있었다. 아내가 나로 인해 어느새 동정받는 사람이 되었던 것이다. 아무렇지 않게 담담하게 후배를 대하는 아내의 모습이 날 더 초라하게 했다. 미안했다. 이렇듯 못난 남편이어서. 고작 이것밖에 안 돼서. 고개를 푹 숙인 채 트럭 뒤에 숨어 있던 나의 눈에 어느새 핑 눈물이 돌았다. 그 순간 주저앉아 펑펑 울고 싶었지만, 그럼 아내 후배가 날 알아볼 거 같아 숨죽이며 눈물을 삼킬 수밖에 없었다. 너무너무 나 자신이 부끄러웠다.

'등신 같은 놈! 그러고도 네가 남편이야? 이렇게 고생시키려고 결혼한 거야?'

그렇게 나 자신을 향해 욕을 했다. 그러면서도 아내더러 당장 일 관두라고 할 수도 없었다. 요즘도 마찬가지인데 1톤 트럭 고물상만 되더라도 일을 도와줄 사람이 필요하고, 리어카 장수가 아닌 이상 혼자 하기 힘든 게 고물상 일이다. 그렇다고 직원을 고용할 수도 없는 처지였으니, 숱하게 마음속으로 나 자신을 욕하면서도 아내에게 이런 말밖에 할 수가 없었다.

"오래 고생시키지는 않을 거야."

당장 아내에게 해줄 수 있는 건 그런 말밖에 없었지만, 난 그 말이 현실이 되도록 부단히 노력했다. 그리고 그때부터 나는 곧잘 아내에게 거짓말 같은 말을 내뱉게 되었다.

"내 땅 살 거야."

"서른 살 전에 꼭 사장님 소리 들을 거야."

그 말은 거짓말처럼 차근차근 현실이 되어갔다. 물론 그만큼 노력한 결과였지만, 줄기차게 나로 하여금 노력하게 한 사람은 아내였다.

　아내는 원체 건강한 정신의 소유자다. 대학 후배와 마주쳤을 때도 그랬지만, 아내는 남들의 시선에 아랑곳하지 않는다. '먹고살려고 열심히 일하는 건데 뭐가 부끄러워?' 그게 아내의 생각이었다. 무엇보다 나에 대한 아내의 믿음은 조건도 없고 끝도 없다. 그 믿음이 날 안주하지 못하게 만들었고, 계속 꿈꾸는 삶을 살게 했다. 월급쟁이 고물상을 관두고 본격적으로 고물상 인생을 걷기로 결심했을 때 무한 긍정의 응원을 아끼지 않았던 사람 역시 아내였다. 월급 받으며 일하던 곳으로부터 다시 일해 달라는 전화를 수차례 받았지만, 아내는 죄송하다며 나 대신 거절의 뜻을 밝히기도 했다.

　"난 자기가 수족관 안에 있어서는 안 될 사람이라고 생각했거든. 어서 빨리 바다로 나가야 한다고 믿었어. 그래서 사장님 내외분이 사정할 때도 우리 남편은 안 된다고 했던 거지."

　나에 대한 아내의 기대와 믿음이 이 정도였으니, 난 그 기대에 부응코자 노력할 수밖에 없었다. 지금은 또 어떤가. 24시간 공장을 개방해 운영하는지라 우리는 공장에서 생활할 수밖에 없고, 그래서 우리 보금자리는 조립식 공장 건물 2층이다. 나야 그냥저냥 지내지만, 아내 입장에서는 아파트 생활처럼 안락하지는 않을 것이다. 그런데도 아내는 단 한 번도 불만을 드러내지 않았다. 뒤에 또 얘기가 나오겠지만 나의 아내 김미영은 그야말로 불만제로 여사다. 며느리로 시어머니 공양하고, 엄마로 아들 둘을 키우고, 맏며느리가 아닌데도 해마다 수차례 제사를 지낸다. 그러면서도 공장 사무를 맡아서 하고 있다.

그렇게 묵묵히 자기 일을 해내는 아내를 보고 있노라면, 나는 너무너무 고맙고 '잘 살아야겠다. 아내에게 부끄럽지 않게 살아야겠다'는 생각이 불끈불끈 든다. 그런 의미에서 아내는 석수자원의 숨은 CEO이자 나를 단련시키는 내 인생의 CEO이기도 하다.

좋은 아빠 되기는
너무 어려워

　나에게는 사랑스러운 아들 둘이 있다. 올해 열두 살인 도윤이와 여덟 살인 도헌이다. 도윤이가 태어났을 무렵 고물상 기반을 다지면서 거래처가 확 늘어났고, 도헌이가 태어나고 몇 달 뒤에 〈일요일 일요일 밤에〉며 〈인간극장〉 등에 출연하게 됐으니, 두 녀석들 모두 복덩이인 셈이다.
　그런데 좋은 아빠냐는 문제에 있어선 나 스스로 가슴에 손을 얹고 "그렇다"고 말하기가 망설여진다. 좋은 아빠의 기준이 무엇이냐에 따라 대답이 달라질 수도 있겠지만, 나는 과거에도 현재에도 아이들과 함께하는 시간이 다른 아빠들에 비해 많이 적은 편이다. 마음은 그게 아닌데, 몸은 늘 아이들보다 일을 가까이하고 있는 것이다. 돌이켜보면, 가진 거라고는 젊음밖에 없었던 젊은 아빠 이석수는 처음부터 그랬던 것 같다.

아내와 함께 1톤 장사를 하던 어느 날이었다. 그날은 철거 현장에 가게 됐는데, 기계가 부서지고 건물이 옆에서 무너지는 상황에서 작업이 이루어지기 때문에 고물상에게 철거 현장은 늘 전쟁터 같다. 특히 그날은 포클레인이 오기 전에 빨리 철근 더미를 싣고 빠져나가줘야 하는 상황이었다. 콘크리트와 철근이 섞이면 안 되기 때문에 콘크리트 안에 든 철근들도 분리하면서 같이 작업을 해나가야 했으니, 시간이 너무 촉박했다. 그런데 아내가 자꾸 힘들어하는 통에 일이 더뎌지만 갔다.

"일하기 싫어? 왜 자꾸 그래?"

짜증을 억누르면서 말하는 내게 아내는 메스껍고 배탈 난 것 같다고 했다.

"조금만 더 힘내고 빨리 끝내자."

난 일단 아내를 달래면서 속으로 이런 생각을 했다.

'뭘 잔뜩 먹고 나온 거야? 작작 좀 먹지.'

너무 힘들었는지 눈가를 훔치는 아내의 모습을 보자 그제야 좀 미안한 마음이 들었다. 어찌 됐건 간신히 일을 마치고 현장을 빠져나왔다. 이제는 물건들을 내려 정리할 순서였다.

"나 도저히 못 견디겠어. 병원 갔다 올게."

아내가 숨을 몰아쉬며 일을 못 하겠다고 손을 내젓자 더 이상 어쩔 도리가 없어졌다. 혼자 남아 정신없이 물건 정리를 하느라 병원 간 아내는 생각도 안 하고 있을 때 전화가 걸려왔다.

"자기야, 나 임신이래."

순간 머릿속이 하얘졌다. 그때 아내에게 무슨 말을 했는지도 잘 기억나지 않는다. 그저 나 스스로 정말 한심스러웠고, 아내에게 너무 미안했다.

'임신한 사람을 그렇게 대했다니!'

나 자신에 대한 굴욕감에 한참을 멍하니 서 있다가 정신이 들자 담배를 찾았다. 결혼하고 아내가 임신할 때까지 담배를 끊기로 했고 실제 금연 중이었는데, 가진 건 없지만 건강한 유전자만큼은 내 아이에게 물려주어야겠다는 마음에서였다. 오랜만에 담배를 피우고 연기를 내뱉으면서 생각했다.

'이제부터 좋은 아빠가 돼야지.'

담배 한 대를 피우고 마저 물건 정리를 열심히 했다. 임신한 아내는 함께 일하기 곤란해질 테고, 앞으로 아이도 태어날 거다. 결과적으로 한 사람의 노동력은 빠져나가고 부양해야 할 사람은 둘이 더 늘어나는 것이니, 몇 배로 더 열심히 일하는 수밖에 없다고 생각했다. 그리고 그 후로 난 정말 무지 독하게 일해나갔다.

그런데 아내는 예상을 깨고 출산 후 2~3개월 만에 일에 복귀했고, 모유 수유를 위해 작업장과 집을 오가면서 악착같이 일을 도왔다. 그렇게 일해주는 아내가 있었음에도 몇 배로 더 일해야 한다는 내 생각은 흔들리지 않았고, 그때부터 지금까지 쭉 열심히 일만 하는 아빠가 되었다.

"도윤이 데리고 어디 놀러 가자."

첫째 아이가 좀 자라자 아내가 종종 그렇게 조르고는 했는데, 난 할 일이 산더미 같은데 어딜 놀러 가느냐는 식으로 별 반응도 보이지 않았다. 그러자 아내는 시위라도 하듯 한동안 아이를 데리고 놀러 나갔다 돌아오고는 했었다. 첫 아이가 네 살 무렵 제일 심했다.

"애가 너무 불쌍하잖아. 에버랜드 가서 신 나게 놀다 왔어."

"그래, 잘했어."

내 대꾸는 그 정도였다. 그 문제에 대한 별다른 의식조차 없었다.

그러던 어느 날, 일요일을 맞아 사무실 청소를 하는데 낯선 사진관 봉투가 보였다. 봉투 안에는 인화한 지 얼마 안 된 아이들과 아내의 사진들이 들어 있었다. 함께 소풍을 갔던 모양이었다. 행복해하는 아내와 아이들을 보고 있자니 기분이 묘해졌다.

'난 왜 여기에 없지?'

그때 과연 이렇게 일만 하며 사는 게 옳은 건지 심각하게 생각했었다. 일하느라 아이들과 소중한 추억을 만들지 못하고 있는 건 아닐까 싶었다. 그런데 아직까지 결론은 이렇다.

'열심히 사는 아빠의 모습을 보여주자.'

비록 함께 보내는 시간은 적더라도 누구보다 열심히 살았던 아빠의 모습을 아이들이 기억해준다면 그걸로 만족할 것 같다. 누군가는 젊은 아빠의 어리석은 생각이라고 말할지도 모르겠다. 나 또한 나중에는 생각이 달라질지 모르겠지만, 지금은 일단 그렇다.

우선은 아이들이 가난으로 인해 원하는 삶을 살지 못하는 불상사가 일어나지 않게끔 내가 열심히 일하고 싶다. 그리고 좀 더 크면 내 경험담을 많이 들려주고 싶은데, 이 책이 그 역할을 해주지 않을까 싶다. 이 책을 읽고 아이들이 나에 대해 더 궁금해하고, 그래서 나와 더 많은 대화를 나누면서 자랄 수 있었으면 좋겠다.

"아이들에게 고물상 물려주실 생각 있으세요?"

가끔 이렇게 질문하시는 분들이 있는데, 굳이 물려줄 마음은 없다. 이 일이 힘들어서 그런 건 전혀 아니다. 난 고물상 일이 참 좋다. 하지만 내 자발적인 뜻이 아닌, 아내와 장인어른과의 관계로 인해 억지로 일을 시작하게 됐다는 점에 대한 아쉬움은 있다. 그래서 내 아이들은 자신의 인생을 자기 뜻대로 살아갔으면 싶고, 자라면서 자신들이 흥미를 갖고 특기에 맞는 일을 했으면 좋겠다. 만약 아이들의 흥미가 고물상 일이라면, 당연히 선배 고물상으로서 제대로 일을 가르쳐줄 생각이다.

다만 억지로라도 대학은 가게 할 생각이다. 고교 졸업 학력으로 나름 어느 정도 기반을 잡았기 때문인지 내 앞에서 "대학 꼭 갈 필요 없잖아요?"라고 말씀하시는 분들이 있는데, 내 생각은 전혀 다르다. 나는 요즘 세상에 대학은 갈 수 있다면 꼭 가야 한다고 주장한다.

대학 안 가고 사회생활 먼저 하는 게 더 낫다고 생각할 수도 있는데, 사회생활은 대학 졸업하고 나서 시작해도 절대 늦지 않다. 학력 인플레를 의미하는 것도, 쓸데없는 스펙을 쌓으라는 얘기도 아니다.

대학 갈 경제적 형편이 안 된다면 그건 어쩔 수 없는 노릇이다. 또한, 대학 진학보다 더 뚜렷한 자기 계획이 있거나 목표가 있다면 대학을 굳이 갈 필요 없고, 이미 굉장한 특기로 능력을 인정받았다면 대학 진학을 안 해도 괜찮을 수 있다.

하지만 이도 저도 아니라면, 사회 구성원으로서 기본적인 배움이나 지식은 갖추고 있어야 하고, 그런 배움과 지식을 위해서 대학 교육은 받아야 한다는 게 내 생각이다. 이는 고교 진학을 포기하려 했던 나를 설득하면서 누나가 했던 말이기도 한데, 그때는 고교 졸업이 기본이었다면 지금은 대학 졸업이라고 본다.

이런 나를 보수주의자 혹은 꼰대라고 손가락질할 사람도 있을지 모르겠다. 하지만 고교 졸업한 내가 느끼는 바는 그렇다. 배움의 크기에 따라 형제들 사이에도 대화가 안 통할 수 있다. 하물며 사회생활을 하면서 숱한 사람들을 만날 텐데 그때는 또 어떻겠는가. 기나긴 인생을 위해 대학 다니는 몇 년은 투자할 만하다고 본다.

그래서 나는 우리 아이들이 뚜렷한 특기나 확실한 계획이 있지 않는 한, 대학은 가능한 한 보내려고 한다. 그게 인생 선배이자 아빠로서 마땅히 해야 할 일이라고 생각하는데, 한편으로 걱정은 된다. 나중에 우리 아이들한테 말 안 통하는 꼰대 취급당하면 어쩌지? 아니다. 걱정하기에 앞서 할 일이 많으니, 좋은 고물상으로서 내 역할에 충실하면서 우리 아이들이 마음껏 꿈을 펼칠 수 있는 세상을 만드는 데 일조해야 할 것이다.

그런데 이런 생각들을 하는 지금도 '젊은 아빠 이석수, 이대로 괜찮은 걸까?'라는 생각이 불쑥불쑥 든다. 젊으니까 괜찮다는 말이 젊은 '아빠'에게도 해당될 수 있는 것인지, 과연 훗날 내 아이들이 아빠의 모습을 떠올리며 괜찮았다고 해줄지, 젊은 아빠 이석수의 고민은 10년 넘게 이렇게 계속되고 있다.

2

젊으니까 괜찮아

가난은 한 치도
물러설 수 없게 만든 원동력

"어디서 많이 뵀는데?"

"이상하게 낯이 익네요?"

처음 만나는 사람 중 간혹 이렇게 말씀하시는 분들이 계시다.

KBS 〈인간극장〉과 MBC 〈일요일 일요일 밤에〉의 '경제야 놀자' 코너에 출연했다는 얘기를 하면, 그제야 상대방은 "아!" 하며 무릎을 친다. 역시 방송의 힘은 크다. 거의 7년이 지났는데도 아직도 기억하다니. 방송 출연 사실을 안 상대방은 대부분 이런 질문들을 한다.

"그동안 어떻게 지내셨어요?"

물론 잘 지냈다. 계속 한눈 안 팔고 고물상을 했다.

"왜 방송은 그만두셨어요? 참 재밌게 방송 잘하셨는데. 그때 안 떨리셨어요?"

방송이야 내가 그만두고 싶어서 그만둔 거고. 재미있게 방송한다는 얘기는 그때도 많이 들었다. 전혀 떨리지는 않았다. 방송 체질인가 생각할 정도로. 떨렸다면 그렇게 애드립으로 시청자들을 웃기진 못했을 것이다.

"원래 성격이 그렇게 재미있으시고 적극적이신가 봐요?"

아니다. 난 방송에서 보였던 것처럼 그렇게 서글서글하지도 않고 밝은 성격도 아니다. 지금은 나아졌을지 모르지만, 과거에는 확실히 아니었다. 소심한 A형, 그게 딱 나였다.

소심한 A형에다가 찢어지게 가난한 집안의 아홉 남매 중 여덟 번째, 거기다 소위 '아비 없는 자식'이 나였다. 내가 초등학교 6학년이었을 때 간경화로 돌아가신 아버지는 늘 술을 드시고 취기에 어머니를 막무가내로 때리시던 모습으로 내 기억 속에 남아 있다. 동생과 나는 그런 아버지가 무서워 함께 울음을 터뜨렸고, 어머니와 부둥켜안고 셋이서 같이 맞기도 했으며, 아버지 술 시중을 드느라 학교를 결석하는 날도 많았다.

아버지가 그렇게 가장 역할을 못 하셨으니, 어머니가 젊은 시절부터 생계를 짊어지셔야 했는데, 시골 아낙네가 무슨 능력이 있었겠는가. 이 집 저 집 품팔이 일을 하며 가까스로 자식들 입에 풀칠하는 것으로 만족하는 정도였다.

　우리 식구가 살던 거적때기 집은 아궁이에 나무로 불을 땠는데, 학교를 파하고 나는 종종 어머니와 함께 땔감으로 쓸 나무를 구하러 이 산 저 산을 다녔었다. 여기까지 읽은 독자들은 나를 1950년대에 태어나 보릿고개를 겪은 세대쯤으로 생각할지 모르겠다. 하지만 난 1975년생이다. 나와 비슷한 연배가 있다면 내 또래로는 평범치 않게, 그야말로 내가 찢어지게 가난한 유년기를 보냈음을 더 잘 이해할 수 있을 것이다.

　지독한 가난 때문에 식구들은 먹고살기 위해 자연스레 뿔뿔이 흩어져 살게 됐는데, 나는 그게 별로 슬프지도 않았다. 형제들과 워낙 터울이 많이 나다 보니 그렇잖아도 형들을 대하기 어려웠고, 툭하면 형들에게 맞았기 때문에 집 떠나는 형제들을 보며 어린 마음에 '이제는 좀 덜 맞겠구나' 생각하는 정도였다.

　당시를 떠올리면 늘 주눅이 들어 있던 내 모습이 먼저 그려진다. 왜 그랬을까? 동네 어른들한테 아비 없는 자식으로 놀림받았던 것도 그 이유 중 하나였을 것이다. 어쨌든 싫었고 서러웠으니까. 하지만 그깟 놀림쯤은 그럭저럭 견딜 만했다. 왜냐하면, 그런 놀림보다 더 큰 문제, 바로 나의 삶을 쥐고 흔들며 육중하게 짓누르는 가난이라는 문제가 있었기 때문이었다. 학교를 못

다니게 될지 모른다는, 이러다 언젠가는 굶어 죽을지도 모른다는 생각은 아비 없는 자식이라는 놀림과는 비교조차 할 수 없는 공포에 가까웠다.

'하필 왜 난 이딴 집에서 태어난 거예요? 내가 무슨 잘못을 해서요?'

어떤 때는 하늘이 원망스럽기도 했고, 전생에 죄를 지었기 때문일 거라고 생각한 적도 있었다. 하지만 종교도 없고 전생의 일까지 깊이 있게 생각할 정도의 여유도 없었던 나는 그냥 닥치는 대로 살았다. 하루하루 먹고사는 게 당장 해결해야 할 문제였으니까.

그런데 내가 왜 보잘것없는 환경에서 태어났는지 그 이유를 고민했다면 답이 찾아졌을까? 애초 명확한 해답이 없는 문제다. 아무리 밤을 지새우고 끼니를 거르며 고민해 봐도 답이 나올 리 없고, 고민한다고 내 부모와 내 형제가 달라지는 것도 아니다. 그럴 바에야 그냥 받아들이고 내 인생 열심히 사는 게 훨씬 더 낫다고 생각한다. 태어난 환경에 대한 억울함이야 있겠지만, 그건 내 잘못이 아니니 한편으론 다행 아닌가?

가끔 자신의 환경을 숨기려 드는 젊은 친구들을 볼 때가 있다. 가족이나 사는 환경에 대해 물으면 얼버무리거나 더 나아가 거짓말을 하기도 하는데, 굳이 가족에 대해 나서서 얘기할 필요는 없지만 숨기거나 거짓말할 것까지는 없다고 본다. 거짓말하거나 숨긴다고 영원히 감춰질 문제도 아니다. 언젠가 진실은 드러나게 마련이고, 그때는 내세울 것 없는 환경보다도 거짓말하고 숨겼다는 사실로 인해 더 비난받고 나쁜 사람이라는 평판을 얻게 된다. 거듭 강조하지만, 누구의 자식이고 누구의 동생이냐는 본인의 잘못이 아니다. 본인이 선택한 것이 아닌 만큼 떳떳해졌으면 좋겠다.

모르겠다. 식구들이 뿔뿔이 흩어져 살다 보니 가까이에서 부대끼며 고통받거나 피해를 입은 적이 별로 없어 내가 이런 소리를 하는 것인지. 하지만 나도 서운한 적이 많았다.

'어떻게 형제 사이에 이럴 수가 있어? 차라리 남이 낫겠다.'

그렇게 원망하기도 했지만, 나이 차이가 원체 많이 나는 터라 대들 엄두가 나지 않아 애써 감정을 누르며 그러려니 하고 살았다. 원망한다고 내 인생이 달라지는 것도 아니고, 원망하면서 에너지를 낭비하느니 차라리 그 에너지를 내 일에 쏟아붓는 게 더 생산적이라고 생각했기 때문이었다.

결국, 형제들이 모두 떠나고 거적때기 우리 집엔 나와 어머니, 그리고 동생 석하만 남게 되었다. 그때부터 지금까지 난 늘 어머니와 동생을 책임지려 애쓰며 살아왔다. 동생은 피붙이이기 때문이라기보다는 일종의 정이나 동지 같은 느낌이 강했는데,

나와 똑같이 보잘것없는 환경에서 태어난 나보다 어린아이에게 느끼는 안타까움과 보호 본능 같은 것이었다. 어머니를 향한 내 감정도 엇비슷한데, 어머니에게는 좀 특별한 감정들이 또 있다. 이를테면 어려운 환경 속에서도 나를 지켜주고 키워주려고 애쓰셨던 어머니에 대한 감사함과 제대로 키워내지 못했다고 자책하는 어머니의 모습에 대한 연민의 감정들이 그런 것이다.

중학교 3학년 때였다. 밤늦게까지 어머니가 집에 오시질 않으셨다. 걱정이 된 우리는 어머니를 찾아 동네 이곳저곳을 헤매고 돌아다녔는데, 한참 지나 저만치서 리어카를 끌고 오는 어머니의 모습이 보였다. 한달음에 뛰어가 봤더니 어머니 몸이 말이 아니었다.

"땔감 줍다 잘못해 주저앉았는데 그때 가시나무에 엉덩이를 찔렸어."

하지만 사실은 단순히 찔린 정도가 아니었다. 꽤 두껍고 뾰족한 가시나무 장작에 어머니 엉덩이가 깊게 뚫리다시피 한 상태였다. 그런데 철철 피를 흘리면서도 어머니는 자식들 따뜻하게 재우겠다는 마음으로 미련하게 끙끙대며 땔감을 실은 리어카를 끌고 산에서 내려오신 거였다.

어머니도 때론 당신의 가난한 처지가 속상하셨을 것이다. 그래서 우리에게 괜한 짜증을 내고 등짝 후려치며 화풀이를 하시기도 했었다. 하지만 그 모습들은 이미 흐릿해졌고, 오래전 철철 피를 흘리면서도 땔감을 실은 리어카를 끌고 오시던 어머니 모습만이 지금도 어제 일처럼 눈에 선하다.

 난 그런 어머니를 외면할 수 없었다. 돈을 벌기 시작하면서부터 어머니 용돈은 빠지지 않고 드렸고, 지금껏 어머니를 모시고 있다. 그건 나를 지켜봐온 어머니에 대한 의리이기도 했고, 그런 어머니를 우리 형제 중 아무도 모시려 들지 않는 현실을 용납할 수 없었기 때문이기도 했다.

 종합하건대, 소심한 A형인 나로 하여금 소심한 A형으로 머물지 않고 적극적으로 생에 뛰어들게 만들고, 어머니와 동생에게 자식 노릇 하고 형 노릇 하게끔 만든 건 아이러니하게도 지독한 가난이었다.

 당장 먹을 게 부족했고, 살 길이 막막했기 때문에 소심하되 생활력은 강하게 됐으니, 죽지 않고 살기 위해서라도 어디든 찾아가 "일 좀 시켜주십시오"라는 말을 할 수 있게 된 것이다. 그리고 일을 하게 되면, 소심한 성격 탓에 일 시켜달라고 했던 내 말에 책임지듯 무지하게 열심히 일을 했다. 일 열심히 하는데 싫어할 사람이 어디 있겠는가. 그랬기 때문에 나는 어디를 가든 주변 사람들에게 인정을 받았고, 끊임없이 일을 할 수 있었다.

고등학교 졸업조차
내겐 사치였다

결과적으로 가난은 내게 많은 도움을 줬다. 하지만 지독한 가난의 터널을 지나던 시절, 내 잘못도 아니고 내 어머니의 잘못도 아닌 그 가난은 무지막지하게 답답한 것이었고, 그 답답함은 고등학교 진학을 앞둔 사춘기 시절 참을 수 없는 지경으로 치달았다.

"석수 취직자리 좀 알아봐줘라."

오랜만에 고향에 내려온 큰형이 친구에게 그런 부탁을 하고 있었다. 익히 알고 있는 현실이었지만, 막상 이제 다시는 학교에 다니지 못하게 된다는 사실을 눈앞에서 확인하니 참 서글펐다. 그럼에도 현실을 외면할 수는 없었다.

'학교 다닐 형편이 아닌데, 난들 뭐 어쩌라고? 까짓 학교가 대수인가? 돈 일찍 벌면 좋지 뭐. 어차피 고등학교 졸업한다고 대학 갈 수 있는 것도 아닌데.'

그런 생각들을 하자니 고등학교는 갈 필요가 전혀 없는 것처럼 느껴지기도 했다. 그렇게 현실에 수긍하며 고교 진학을 포기하게 됐을 무렵, 막내 누나가 어느 날 돈가스 집으로 날 불러냈다.

"우리 집 남자 중에 고등학교 졸업한 사람이 없어. 석수야, 제발 너는 그러지 마. 앞으로 살아가려면 최소한 고등학교 졸업장은 있어야 해. 누나 말 알아들어?"

여섯 살 위인 막내 누나는 배움의 끈을 놓지 않겠다는 일념으로 낮에 공장을 다니면서 밤에는 야간 고등학교에 다녔고 전교 3등으로 고교를 졸업했다. 결론적으로 우리 집에서 고교 졸업장을 거머쥔 유일한 사람이었으니, 그런 똑똑한 누나가 하는 말은 뭔가 힘 있고 그럴싸하게 들렸다. 거기다 평소에는 절대 먹을 수 없는 돈가스를 사줬기 때문이었을까? 나중에 이런 돈가스를 맘껏 먹을 수 있으려면 고교 졸업장 정도는 있어야 할 거란 생각을 하면서 나는 차츰 누나의 설득에 넘어가고 있었다.

어찌 됐건 그날 밤을 기점으로 나는 고등학교에 진학하기로 마음을 돌려먹었다. 하지만 그렇다 해도 현실이 달라진 건 아니었다. 고민 끝에 용기를 내 교무실로 담임선생님을 찾아갔다.

"학교 다닐 형편은 아닌데 꼭 고등학교에 진학하고 싶습니다. 방법이 없을까요, 선생님?"

내 사정을 딱하게 여기신 담임선생님께서 방법이 딱 하나 있다고 하셨다.

"장학생으로 추천할 테니 그 학교로 진학해라."

하늘이 무너져도 솟아날 구멍은 있다는 게 빈말이 아니었다. 정말 너무도 감사하고 들뜬 마음으로 나는 장학생으로 고등학교에 진학했다. 그곳은 용인에 있는 송전농고였다. 그런데 입학하고 며칠 지나지 않아 뭔가 잘못됐다는 생각이 들기 시작했다.

모교에 대해 이런 말을 하기는 그렇지만, 그리고 물론 지금은 많이 달라졌겠지만, 당시 송전농고는 내가 기대했던 학교와는 정반대의 모습이었다. 농업 고등학교라 그런지 나이 차이가 꽤 많이 나는 학생들도 많았고, 어두운 과거 이력을 지닌 학생들도 여럿이었다. 출신 지역별로는 수원 출신이 사오십 명, 용인 출신이 또 사오십 명, 그 외 평택, 신갈, 송전 출신들이었는데, 안성 출신은 나 하나밖에 없었다.

"너 안성에서 왔다며? 안성 놈은 어떠려나? 좀 세려나?"

잔뜩 졸아 있는 나를 여럿의 험상궂은 얼굴들이 이죽거리며 둘러섰고, 이내 주먹들이 날아왔다. 저항할 새도 없이 그대로 맞앉고, 코피 터지고 입술이 터져 바닥에 쓰러지면 그땐 발길질이 이어지기 마련이었다. 쉬는 시간마다 불려 가 맞았지만, 맞는 데 이유는 없었다. 학교에서 유일한 안성 출신인 게 이유라면 이유였을까? 그런데 그게 과연 이유가 될 수 있는 걸까? 얻어터진 나를 향해 욕지거릴 내뱉고는 그들은 유유히 콧노래를 부르며 자리를 떴고, 어김없이 다음 날에도 똑같은 일들이 벌어졌다. 낯설고, 무섭고, 이해할 수 없는 세상이었다.

그때 통학을 위해 안성 대천동에서 5만 원짜리 연탄 방을 얻어 학교에 다녔었는데, 대천동에서 학교까지 매일 아침 50분을 버스 안에서 똑같은 생각만 했다.

'애초 진학하지 말걸 그랬나? 그냥 관둬버릴까?'

처참한 학교생활을 해나가는 와중에도 방과 후면 주유소 일이며 식당 서빙, 배달 아르바이트를 하며 돈을 벌었고, 그러면서도 성적은 전교에서 상위권에 속했다. 당시 동급생들 수준이 형편없어서인지 내가 머리가 좋은 건지 열심히 해서였는지는 모르겠다. 어찌 됐든 1년을 그렇게 이 악물고 버텼지만, 결국 학교 폭력도 학교 성적도 아닌, 나아지지 않는 집안 형편이라는 문제에 부딪혀 자퇴를 결심하게 되었다.

당시 어머니는 집 근처 마대 만드는 공장에 다니면서 한 달에 27만 원을 벌어, 그 돈으로 동생을 학교에 보내고 생활을 해나가셨다. 그때도 우리 집은 대문도 없이 거적으로 앞을 막은 다 쓰러져가는 거적때기 집이었는데, 어느 날 내 눈에 비친 우리 집이며 어머니 모습이 초라하다 못해 너무 불쌍해 보였다. 낮에는 쪼그려 앉아 마대를 수선하고 저녁이면 땔감 구하러 산속을 헤매시는 어머니. 그런 어머니께 의지하며 어렵게 학교 다니는 동생…. 정말 이건 아니다라고 생각했다. 나만 학교 안 다니고 돈을 벌면 어머니와 동생이 좀 더 편히 살 수 있을 텐데, 등신 취급당하고 얻어터지며 학교에 다닐 이유가 없어 보였다.

'서울 가서 돈 벌자. 더 이상 이따위 거지 같은 세상에선 안 살 거야.'

그게 내가 내린 결론이었다. 결심을 하고 학교에 간 나는 1교시 수업 전 교무실로 향했다. 그런데 용기를 내 교무실에 갔건만 교무 회의 중이었다. 잠시 망설이기는 했으나 깔끔한 내 성격상 그냥 그대로 슬그머니 사라질 수는 없는 노릇이었다. 별수 없이 교무 회의가 진행 중인 교무실에 뚜벅뚜벅 들어가 선생님 책상에 편지를 놓고는 꾸벅 인사하고 돌아서서 나왔다.

'선생님, 집안 형편이 너무 어려워서 더 이상 학교에 다닐 수가 없습니다. 그동안 감사했습니다.'

버스에 올라타니 울컥 목이 메여왔다. 거지 같은 세상이랑 작별을 하게 됐으니 속이 후련할 줄 알았는데 그게 아니었다.

그때 "석수야!!"하고 내 이름을 부르며 헐레벌떡 뛰어나오는 담임선생님 모습이 차창 너머로 보였다. 슬리퍼 바람으로 달려오는 선생님을 보며 또 반사적으로 울컥 감정이 올라왔다. 하지만 이깟 감정 따위가 뭘 해준다고. 처연하게 고개를 돌린 나는 담임선생님의 모습을 외면한 채 되뇌었다.

'이 지긋지긋한 세상에서 벗어나 이젠 정말 사람답게 살아볼 거야.'

참으로 비장한 순간이었다.

열여덟,
사회란 놈은 결코 만만치 않았다

 열여덟 살인 내가 학교를 관두고 취직한 곳은 서울이 아닌, 안양 석수동에 있는 오르골 공장이었는데, 그곳에서 일하고 있던 친구가 공장 사장님께 말씀을 드려 일할 수 있게 된 것이다.
 "오르골이 부식되지 않게 칠을 하고 열처리하고 조립하는 일이야. 처음에는 익숙지 않겠지만 금방 배울 거야. 잠자리 제공되니 방세도 안 들고, 이만한 일자리가 어딨어?"
 '오사기'라는 별명을 지닌, 성이 오씨였던 그 사장님은 열심히 일하라는 얘기만 할 뿐 학교를 관둔 이유나 그 나이에 왜 돈을 벌어야 하느냐는 등의 질문 따위는 하지 않으셨다. 열여덟 살인 나로서도 그게 더 편했다. 쓸데없는 감상 따위에 젖어들 필요

없이 태어나면서부터 그 공장의 일꾼이었던 듯, 나만의 특별한 사연이나 과거 같은 건 애초 존재하지 않았던 듯 살아가면 되었으니 말이다.

"여기가 우리 숙소야."

친구는 공장이 있는 건물 5층에 자리한 좁디좁은 간이 창고 방으로 나를 데려갔다. 그곳에서 형뻘 되는 사람과 내 친구와 함께 생활을 해야 했는데, 세 명이 누우면 꽉 차는 좁은 공간에는 수도꼭지조차 없었다. 그렇다고 공장에 씻거나 밥을 해 먹을 공간이 따로 있지도 않았다. 그럼에도 우리는 그 좁아터진 창고 방에서 씻고 먹으며 지냈다. 그 모든 게 가능했던 이유는 우리에게 소중한 주전자 하나가 있었기 때문이었다. 우리는 공장에서 주전자에 물을 받아 5층 창고 방까지 들고 올라가 그 주전자로 씻었고, 역시나 그 주전자로 라면을 끓여 먹었다. 실로 소중한 그 주전자는 양동이이자 세숫대야이자 냄비였던 것이다.

사회인이 된 나는 아침 8시부터 밤 9시까지 공장에서 오르골에 칠을 하고, 열처리를 하고, 부품 조립을 했다. 원래 근무 시간은 저녁 6시까지였지만, 별명에 걸맞게 오사기는 이런저런 핑계를 대며 9시까지 우리를 잡아두었고, 야근에 더해 일요일에도 공장 일을 해야 했다. 불만들은 있었지만, 누구도 섣불리 사장님께 따지지는 못했다.

월급은 50만 원이었는데, 학교 다니면서 주유소 아르바이트로 벌던 17만 원에 비하면 많은 돈이기는 했지만 일하는 시간을 따지면 그리 큰돈은 아니었다. 그래도 학교에서처럼 이유 없이 얻어터질 일이 없는 건 좋았다. 일이 끝나면 으레 공장 형과 친구와 함께 공원에서 밤바람을 맞으며 술을 마시기도 했고, 나이트클럽에서 신 나게 몸을 흔들기도 했다.

'돈다! 돈다! 돈다!'

클럽의 사이키 조명이 천장에서 멋진 빛을 내며 돌았고, 그 밑에서 우리는 춤을 추며 뱅뱅 돌았다. 모든 게 돌고 도는 세상이었다. 이런들 어떻고 저런들 어떻겠냐는 심정으로, 이 밤을 가장 신 나게 보내는 자가 승자라는 생각으로 우리는 춤을 췄다. 술 마시는 것도 나이트클럽에서 춤추는 것도 재미없어지면 우리는 오토바이를 몰고 도로를 질주했다.

'달린다! 달린다! 달린다!'

오토바이가 없던 나는 공장 형이나 친구가 모는 오토바이 뒤꽁무니에 탔는데, 처음 맛본 속도의 쾌감은 짜릿했다. "야호! 야호!" 달리는 오토바이 뒤꽁무니에 몸을 실은 채 소리치면, 답답했던 속이 뻥 뚫리는 것 같았다. 거칠 것 없이 이대로 지구 끝까지 달리고 싶은 마음이었다.

그런 생활 속에 나는 하루하루 어머니를, 동생을, 친구들을 잊어갔다. 가끔 어머니나 형과 통화를 할 때면 잘 지낸다거나 별일 없다는 식으로 짧게 얘기하고는 통화를 끝내버렸다. 길게 얘기도 없었을 뿐더러 긴 대화를 나눌 기분도 아니었다. 뭐랄까? 예전과 달라진 내가 여전히 나를 예전의 나로 알고 있는 사람들을 대할 때의 어색함이랄까? 거부감이랄까? 뭐 그런 기분 때문이었다.

확실히 난 예전의 내가 아니긴 했다. 한마디로 그때 난 고삐 풀린 망아지였다. 하지만 지금 돌이켜보면, 누구도 그때 내게 뭐라 하는 사람이 없었기 때문이었던 것 같다.

그리고 그러한 생활의 짜릿함에 익숙해져 대단치 않다는 느낌으로 바뀔 때쯤 뜻밖의 전화가 공장으로 걸려왔다. 공장에 취직한 지 한 달 보름 정도 됐을 때였다.

"석수야, 선생님이다."

그 목소리를 듣는 순간 가슴이 철렁 내려앉았고, 슬리퍼 바람으로 뛰어나오시던 선생님의 모습이 떠올랐다.

"거기서 뭐 하고 있는 거냐? 학교 다녀야지, 석수야."

그동안 나의 소재를 수소문하셨던 선생님은 어머니를 통해 내가 일하는 공장 전화번호를 알아내셨다고 했다. 학교에 다녀야 한다는 선생님의 말씀에 내가 머뭇거리기만 할 뿐 속 시원히 대답을 안 하자 선생님은 사장님을 바꾸라고 하셨다. 수화기를 넘겨받은 오사기는 한동안 선생님 얘기를 듣는 듯하더니 이내 이렇게 자기주장을 내세웠다.

"선생님, 석수 애 다시 학교 가봤자 얼마 못 다니고 또 때려칩니다. 얘는 돈 벌고 지금처럼 사는 게 딱 맞는 앱니다."

옆에서 가만히 그 얘기를 듣는데 맞는 소리라는 느낌이 들면서도 한편으로는 퍽이나 오사기가 얄밉게 느껴졌고 사악한 어른이라는 생각이 들었다.

'지금처럼 사는 게 딱 맞다니? 나란 놈은 평생 이렇게 살아야 한단 말이야?'

서러워졌다. 1층에서 주전자에 물을 받아 5층 간이 창고 방까지 들고 올라와 세수하는 내 모습도, 그 주전자에 라면을 끓여 먹는 우리 모습도 더없이 궁색해 보였다.

"제 발로 학교 관둔 널 선생님이 찾으시잖아? 그게 어디냐? 이번이 기회다 생각하고 당장 여기 관둬. 지금 아니면 영영 너 학교로 못 돌아가고, 영영 여기를 못 벗어날지도 몰라."

오르골 공장에 취직시켜줬던 친구가 자꾸 날 설득했다. 그제야 지금과 다른 모습의 나를 바라는 얼굴들이, 내게 다른 미래가 있기를 바라는 얼굴들이 하나둘 떠올랐다. 선생님, 누나, 동생, 그리고 어머니….

'돈다! 돈다! 돈다!'

세상은 돌지만, 결국 난 제자리에서 뱅뱅 돌 뿐이었고,
'달린다! 달린다! 달린다!'
아무리 질주를 한다 해도 내가 돌아가야 할 곳은 좁아터진 창고 방이었다.

세상과 함께 돌고 싶다는, 먼 훗날 내가 쉴 곳이 그 창고 방은 아니어야 할 것 같다는 생각이 들면서 나는 한 달 보름가량의 짧은 사회생활을 뒤로하고 다시 학교로 돌아갔다.

오사기의 말대로 그 후 나는 착실한 학생이 되지는 못했다. 전에 나를 괴롭히던 아이들이 다시는 나를 건드리지는 못했지만, 고교 졸업 때까지 반쯤은 사회인이고 반쯤은 학생인 어정쩡한 모습으로 살았다. 오르골 공장에서 번 돈의 일부로 오토바이를 사서 폭주를 즐기며 낮에는 학교를 다니고, 밤에는 공장에서 아르바이트를 했다. 고3 때부터는 유흥업소의 주방을 거쳐 웨이터 일을 하기도 했다.

그래도 사고를 치거나 싸움을 하진 않았다. 어머니 때문이었다. 안양 석수동이 아닌 안성이었기에 어머니 얼굴을 봐서라도 남한테 절대 피해 주는 일은 하지 않았다. 아비 없는 자식이 별 수 있느냐는 식의 말이 어머니 귀에 들어가는 건 용납할 수 없었던 것이다. 결국, 어머니란 존재는 당시 내 생활을 지탱해준

마지노선이었는데, 그런 어머니조차도 궁핍한 환경 탓에 학교 다니면서 돈 버는 내게 나무라는 말씀을 하실 수는 없는 형편이었다.

그러던 중 함께 웨이터 일을 했으며 가장 친한 친구이기도 했던 근석이가 오토바이를 몰고 달리다 사고로 사망하는 일이 생겼다. 함께 옥탑방에서 생활하고 함께 오토바이 폭주를 즐기던 친구가 갑작스레 죽어버렸다는 사실은 내게 굉장한 충격이었다. 안타깝다 못해 무서웠다. 그렇게 허망하게 갈 수도 있구나, 인생이 이런 거구나, 싶었다. 그리고 그런 생각들은 계속 이런 생활을 하면 나 또한 언제고 그렇게 될 수도 있겠다는 결론으로 귀결되면서 결국 유흥업소 일을 그만두게 되었다.

그 후 고등학교를 졸업하고 입대 전까지 레스토랑에서 주방 일을 했는데, 나중에는 주방장으로 채용될 정도로 능력도 인정받고 차곡차곡 돈도 모을 수 있었다. 그러면서 연애도 했으니, 나름 평탄한 시절이었다. 그런데 조리병으로 남들보다 편한 군 생활을 하고, 사단장님 야회 회식을 잘 치렀다며 특박을 받아 기쁜 마음으로 집에 왔을 때 문제가 터졌다.
"왜 이제야 와. 진즉 좀 연락을 하지."
주인집 할머니가 안타까운 표정을 지어 보이셨다.

알고 보니 여자 친구가 고무신을 꺾어 신은 것이다. 입대 전에 나는 타지 출신인 여자 친구가 편히 지낼 수 있게 천 7백 만 원짜리 전셋집을 마련해주었는데, 공동 명의로 전세 계약을 했던 것을 빌미로 전세 보증금의 반과 입대 전 내가 주었던 5백만 원이 든 통장을 갖고 도망을 친 것이다. 그것도 다른 남자와 함께. 살림살이가 싹 사라진 텅 빈 방에는 입대 전에 내가 담근 국화주만 덩그러니 남아 있었다.

인생 최대의 위기였다. 나는 해선 안 될 생각까지 하면서 여자 친구를 찾아 헤맸다. 한마디로 제정신이 아니었다. 하지만 도망간 여자 친구는 찾을 수 없었고, 결국 텅 빈 방에 퍼질러 앉아 국화주만 계속 마셔댔다. 금요일에 자대에서 나왔으니 월요일에는 복귀를 해야 했는데, 불가능할 것 같아 선임하사께 전화를 걸어 사정을 얘기했다. 하지만 돌아온 대답은 뻔했다.

"일단 자대 복귀해라. 너 여차하면 영창 간다. 딴생각 말고 무조건 자대 복귀다. 알았지?"

술 취한 상태에서 자대에 복귀한 나는 한 달 가까이를 의무실에서 보냈다. 워낙 충격이 커서 잠도 못 자고 밥도 못 먹었는데, 그런 내 모습을 보다 못한 선임이 탈영할지 모른다면서 의무실로 보낸 것이었다.

절망의 나락으로 떨어진 나는 배신감에 치를 떨면서 제대 후 다시 유흥업소 일을 시작했고, 흥청망청 돈을 써대며 세월을 보냈는데, 하루하루 죽고 싶은 마음이면서도 당시 이런 생각들을 했었다.

'여기서 무너지면 절망으로 끝나는 거고, 여기서 일어나면 내 인생에 희망이 오는 거야.'

어떡하든 일어나고 싶었지만, 그래야 한다는 것도 알았지만 쉽지가 않았다. 그때 나의 아내 김미영을 만났다. 운명처럼.

시골 촌놈을 믿어준
불만제로 사랑

아내는 알면 알수록 참 신기한 여자였고 지금도 신기한 여자다. 그러고 보니 우리가 연애를 하게 된 과정조차도 신기하다면 신기하달 수 있겠다. 새벽녘 길거리에서 얼굴도 제대로 못 보고 스친 후, 아내의 가방 속에 던지듯 넣었던 내 명함을 인연으로 한 달 넘게 우리는 전화 통화를 이어갔다. 그리고 처음으로 제대로 서로의 얼굴을 마주한 날, 나는 안성 친구들에게 모이라는 전화를 돌렸다.

그리고 그날 이후 나는 서서히 아내의 매력에 사로잡히게 되었는데, 다소 거친 내 친구들과 편하게 웃으며 떠들고 얘기하면서도 그 세계에 절대 물들지 않는 아내의 모습이 너무 신선하고 신기했기 때문이었다. 나중에 알고 보니 그때까지 접해보지 못했던 전혀 새로운 세상 사람들과의 대화가 아내 입장에서는 너무 재밌었다고 한다. 처음에는 나이도 동갑이라 친구로 딱 좋겠다는 생각을 했었는데, 이상하게 만나고 헤어지면 바로 다시 보고 싶었고 전화 통화하고 끊으면 다시 목소리가 듣고 싶어졌다.

혹시 내가 아내의 집안 재력이나 아내의 대졸 학력에 혹해서 그런 마음을 갖게 된 거 아닐까 생각하는 분들이 계신다면, 천만의 말씀이다. 나에 대한 배려였는지 아내는 자기 얘기를 거의 하지 않았다. 그러니까 난 무턱대고 아내가 좋았고, 마냥 함께 있고 싶었던 것이다. 한창 연애를 하던 어느 날 청양 고향 집에 갔다 온 아내가 아빠가 사주셨다며 자동차를 몰고 온 걸 보고 '얘네 집 꽤 잘사나 봐?' 하긴 했었다. 하지만 그전까지는 조그맣게 철물점을 하는 정도로만 알았었다.

"누나, 내 여자 친구!"

오토바이 뒤에 아내를 태우고 달리다가 동네 누나들을 만나면 그렇게 소리를 질러댔다. 그때 내 목소리는 세상에서 가장 행복한 사람의 목소리였을 것이다. 한껏 들뜨고 신 나고, 모든 게 즐겁고 행복하기만 했다.

누군가 어떤 연애 관계가 좋은 것이냐고 물으면, 난 그냥 마냥 좋은 관계가 좋은 연애라고 말한다. 상대가 못생기고 몸매가 별로여도 TV에 나오는 연예인들보다 더 좋고, 괜히 장난치고 싶고 괜히 기대고 싶은 거, 그게 진짜 연애라고 생각한다. 연애 초기는 다 그런 감정 아니냐고, 그러다 실망하고 헤어지게 되는 거 아니냐고 말할 사람도 있을 것이다. 하지만 그럼 그걸로 족하다고 생각한다. 젊었을 때는 뭐든 엎어지고 뒤집어질 수 있고, 배신도 당할 수 있다. 그래야 성숙해지고, 나중에 더 좋은 사람을 만날 수도 있고 감정을 더 오래 유지하게 될 수도 있을 것이다. 다만 상대에 대한 믿음은 꼭 필요하다고 본다.

'이 사람만큼은 어떤 순간에도 내 편일 거다. 나도 어떤 상황에서도 이 사람 편이 돼줄 거다.'

이런 믿음이 있어야 마냥 좋은 감정이 지속되는 것 같다. 내가 아내에게 그런 것처럼 말이다. 나는 지금도 아내를 보면 설렌다. 친구들과의 모임에서 아내와 함께 나란히 앉아 있다 보면 처음 아내 얼굴을 마주하고 친구들과 어울렸던 그날 그 기분이 난다. 그래서 친구들 모임에 아내와 함께 나가게 되면 늘 나는 이렇게 말한다.

"내 여자 친구도 왔다!"

친구들이 야유를 보내는데, 다들 속으로 부러워하는 게 훤히 보인다.

그에 반해 상대를 속이고 상대에게 아픔을 주는 건 나쁜 연애 관계라고 생각한다. 그런 연애 관계는 그 관계를 통해 성숙해질 수 있다는 점에서만 좋을 뿐, 빨리 헤어지는 게 낫다고 본다. 구구절절 매달리고 마지못해 관계를 이어가는 건 서로를 위해 안 좋은 것 같다.

군대 시절 여자 친구 얘기를 잠깐 하자면, 어느 날 그녀가 슬리퍼에 추리닝 차림으로 다시 내 앞에 나타났을 때 솔직히 너무 가슴 아프고 속상했었다. 하지만 그때 난 미용실과 옷 가게 등을 데리고 다니면서 머리 해주고, 옷이며 가방에 신발까지 사주고, 지갑에 있던 현금 20만 원까지 탈탈 털어 주면서도 끝내 "그만 가라"는 말밖에 할 수가 없었다. 그 친구는 날 속였고 너무 큰 아픔을 주었고, 이미 내겐 그 친구에 대한 믿음이 털끝만큼도 남아있지 않았으니, 예전으로 돌아가 다시 사랑할 수는 없는 노릇이었다.

그로부터 몇 년 뒤 아무 말 없이 끊어버리는 전화가 한동안 여러 번 걸려왔다. 직감적으로 그 친구라는 걸 알 수 있었던 나는 어느 날 수화기에 대고 말했다.

"나 다른 여자랑 살아. 다시 전화하지 말고 잘 지내라. 좋은 사람 만나고."

수화기 너머로 들려오는 울음소리를 가만 듣고 있다가 그냥 전화를 끊었다. 그게 마지막이었고 그 후로 그 친구 소식은 들지 못했다.

 분위기가 좀 무거워졌다. 다시 사랑하는 나의 아내 이야기로 돌아가자.

 연애하면서 아내가 꽤 잘사는 집 딸이며 대학을 졸업했다는 사실을 알게 됐을 때, 나는 좋으면서도 묘하게 부담스럽고 긴장이 됐다. 그때부터 늘 마음속으로 이런 생각을 했다.

 '이 여자한테 걸맞은 남자가 돼야 해.'

 유흥업소 일을 접기로 한 것도 그래서였다. 유흥업소에서 일하는 남자 친구 혹은 남편은 뭔가 떳떳하지 못한 느낌이 들지 않을까 해서였다. 그 후 평소 알고 지내던 형 밑에서 잠시 배달 일을 했지만 여러 가지 복잡한 상황들로 더 이상 일을 할 수 없게 되었고 그 여파로 뜻하지 않게 노숙 아닌 노숙 생활까지 하게 되었다. 바로 저수지 옆에서의 텐트 생활과 산속에서의 양계장 생활이 그것이다. 나 하나 고생하는 것쯤이야 일도 아니었지만, 당시 아내를 생각하면 지금도 미안한 마음이 크다. 그런데 아직도 의아한 것이 보통의 여자들이라면 갑작스러운 변화에 실망해서 어떤 행동을 취했을 법도 한데 당시 아내는 별다른 불만 없이 그러한 생활을 덤덤히 받아들였다. 지금도 가끔 그때 얘기를 하며 아내에게 "여보, 그때 나랑 헤어지고 싶지 않았어?"라고 은근슬쩍 물어봐도 아내는 그저 농담 섞인 소리로 "당장 도망치고 싶었지"라고만 할 뿐 별다른 얘기는 하지 않는다. 그럴 때마다 나는 "정말 나를 사랑했구나"라고 혼자 미친놈처럼 중얼거리며 싱글벙글한다. 아무튼 그때, 세상과는 단절된 생활이었지만 그 시절이 그토록 재밌게 추억되는 것 또한 아내가 옆에 있었기 때문이다. 산속에서 닭 키우고 부업으로 개 키우고 채소 키우면서 우리는 매일 서로의 얼굴만 바라봤고, 그게 마냥 좋았다. 물론 투닥투닥 싸우기도 많이 싸우고 화해하기를 밥 먹듯 하기도 했지만 말이다.

지금껏 우리의 동거 사실을 모르고 계시는 장모님은 아마 이 책을 보고 무척 놀라실 것인데, 그만큼 아내와 나의 사랑이 컸다는 걸로 이해해주셨으면 한다. 아내가 언니와 함께 자취했다고 알고 계시는 장모님과 하늘나라에 계신 장인어른께도 이 자리를 빌려 죄송하다는 말씀 올린다.

산속에서 나온 후 공장 생산팀에 근무하게 된 것도 아내 때문이었다. 아내 부모님께 인사를 드려야겠는데, 떳떳한 직업이 있어야 할 것 같았다. 그때 떠오른 게 이거였다.

'주식회사!'

어떤 회사든 거기서 내가 무슨 일을 하든 '주식회사'이기만 하면 될 것 같았다. 그럼 아내 부모님께 적어도 "주식회사 다닙니다"라는 소리는 할 수 있을 테고, 그럼 왠지 그럴듯하게 보일 것 같았다.

그런데 공장 생산직으로 근무하는 게 내 적성에는 여간 맞지가 않았다. 한 달 월급이 90만 원이고, 야간 잔업까지 해야 100만 원을 버는 것까지는 참을 만했다. 그런데 똑같은 부품 조립 동작을 하루 12시간 수도 없이 반복하는 건 감당하기가 버거웠다. 그래도 아내 부모님께 주식회사 다닌다는 말을 계속 해야 했기에 꾹 참았다.

그러던 어느 날, 아내가 폭탄선언을 했다.
"나 컴퓨터 배우러 서울 갈래."
장난인 줄 알았다. 그래서 나도 응수를 했다. 서울이랑 나랑 둘 중에 하나 택하라고.

그랬더니 망설임 없이 서울을 택하는 게 아닌가. 충격이었다. 예전 여자 친구 일이 떠올랐고, 그때 느꼈던 배신감의 향기를 맡으면서 죽겠다는 생각으로 저수지까지 갔었다. 하지만 차마 죽을 수는 없었다. 어머니와 동생의 얼굴도 떠올랐고, 나와 헤어지라는 부모님 성화에 못 이겨 아내가 그런 결정을 했을지 모른다는 생각마저 들면서 다시 집으로 돌아오게 됐고, 결국 서울에서 컴퓨터를 배우는 대신 안성에서 왔다 갔다 하라는 타협점을 내놨다.

내 말에 아내는 순순히 6개월을 안성과 서울을 오갔다. 대충 포기하리라 여겼는데 대단히 지독했다. 아내한테 저런 면모가 있었나 싶을 정도였다. 오히려 내가 아내를 포기하게 됐고, 그다음에는 내가 자극을 받기 시작했다.

'내 여자에게서 낯선 향기가 난다.'

딱 그랬다. 그건 뭐랄까? 서울의 향기라고 해야 할까? 딱 꼬집어 말하기는 어렵지만 분명히 아내는 달라지고 있었다.

그러던 중 무심코 펼친 아내의 컴퓨터 서적에서 나는 비로소 그 실체를 접하게 됐다. 영어로 쓰인 용어들과 어려운 내용들이 나를 기죽게 만들었던 것이다. 그러고 보니 아내는 말할 때도 뭔가 예전과는 다른 분위기였고, 가만히 얘기 내용을 듣다 보면 언뜻언뜻 나오는 다른 세상 사람들과 어울린다는 느낌을 받았었다. 꼭 아내는 날 버려놓고 다른 세상으로 떠나버린 것 같았다. 이대로 버려지기는 싫었다. 아마 당시 공장 생산직 근로자로서의 내 삶이 꽤나 단조롭고 활동 범위 또한 뻔하고 좁았기 때문에 더 그렇게 느껴졌을 수도 있다.

"나도 컴퓨터 배워볼까?"

내 얘기에 아내는 대찬성했고, 아내의 응원에 힘을 내 서울에 입성한 나는 머리털 쥐어뜯으며 6개월 컴퓨터 강사 교육과정을 이수했다. 그와 동시에 강사로 채용돼 아내와 아슬아슬한 사내 비밀 연애를 이어가게 됐다. 몇몇 남자 강사들이 비밀처럼 아내를 짝사랑한다는 얘기를 털어놓아 혼자 속을 부글거려야 할 때도 있었지만, 돌이켜보면 다 즐거운 추억이다.

그 후로는 또 어떤가. 나는 아내의 남자가 되기 위해 모든 걸 내팽개치고 청양으로 내려갔고, 이 악물고 지옥 같은 9개월을 버티며 장인어른과 장모님께 사윗감으로 인정받기 위해 끊임없이 노력했다. 그 결과 결국 아내의 남자가 될 수 있었다.

아내와 처음 만났을 때부터 두 아이의 아버지가 된 지금까지 내 삶의 이유이자 내 인생의 가장 근본적인 목표는 늘 아내였다. 항상 나는 아내에게 걸맞은 사람이 되고자 했다. 노력했고, 또 노력했다.

3

남들이 가지 않는 길을 가다

양복쟁이 생활
그리고 운명 같은 부름

1990년대 후반은 인터넷 열풍이 전국을 휩쓸고, 3D로 캐릭터 상품을 만드는 기술이 도입되던 시기였다. 그만큼 컴퓨터에 대한 대중의 관심은 뜨거웠고, 대학생은 물론 중고생들까지 컴퓨터 배우기에 열을 올렸다. 그리고 그 열풍 속에 나 이석수와 여자 친구 김미영이 있었다.

그 무렵 여자 친구는 우리나라 최초의 전문 컴퓨터 학원에서 컴퓨터 학원 강사 과정을 이수한 후 막 강사 생활을 시작하고 있었는데, 자꾸 나를 이렇게 꼬드겼다.

"나도 하는데 자기가 왜 못 해? 자기처럼 똑똑하고 머리 좋은 사람이, 안 그래?"

낯간지러운 그 말을 100퍼센트 믿지는 않았지만, 힘이 되긴 했다. 학력도 경력도 문제 삼지 않는다는 점도 마음에 들었다. 그런데 6개월 치 강사과정 수업료가 굉장히 비쌌고, 과정을 이수하고 시험에 통과해야만 강사로 일할 수 있었던 만큼 모험이기도 했다. 하지만 결국 나는 '까짓 거 한번 해보자, 기죽을 거 없다'고 자신했다.

'이거 왜 이래! 나 아르바이트하면서도 고등학교 때 성적 상위권이었어. 한다면 하는 놈이야, 나!'

다부진 결심으로 컴퓨터 전문서적을 펼치니 바로 머리가 아파왔다. 내용이며 용어도 너무 어려웠거니와 대부분의 책이 영어로 돼 있었다. 농고 졸업 학력의 나로서는 퍽이나 높은 장벽이었다. 그렇다고 포기할 수는 없었다. 다니던 공장도 과감하게 관뒀고, 학원 강사 생활을 시작한 여자 친구를 봐서도 중도 포기는 있을 수 없는 일이었다. 다행히 여자 친구가 틈틈이 이것저것 가르쳐 주고, 그 학원에서 프로그래머 과장으로 일하던 여자 친구의 대학 동기가 나를 좋게 봐줘서 여러모로 도움을 받을 수 있었다.

두 사람의 응원에 힘입어 6개월 교육과정을 모두 마친 나는 끝내 시험에 통과했고, 중고등학생들을 대상으로 한 수업을 맡게 됐다. 처음으로 멀끔한 양복쟁이 생활을 하게 된 것이었으니, 새로운 인생을 시작한 듯 설레고 뿌듯한 나날들의 연속이었다. 아침에는 으레 강사들 회의가 있었는데, 어떻게 하면 학생들에게 좀 더 좋은 내용의 수업을 제공할까 끊임없이 토의했고, 더불어 국가자격증 시험에 대비한 자료들과 정보들을 공유하고는 했다.

 그 당시 나는 강의보다는 학생들 관리를 더 많이 담당했다. 원체 파란만장한 생활을 해서였는지 내 눈에는 어린 학생들의 순수하고 풋풋한 면면들이 친동생처럼 귀엽고 참 예뻐 보였다. 그래서 공식적인 수업 외에 따로 특별 야외 수업도 하고 종종 간식도 사주고 책도 선물로 사주다 보니 자연히 아이들의 호응이 드높아져 갔다. 아이들은 나를 가장 재밌고 편안한 강사 선생님이라면서 잘 따랐고, 내 얘기를 듣고 학원을 찾아오는 수강생들도 있을 정도였다. 그 결과 1년이 안 돼 종로에 있는 다른 컴퓨터 전문 학원으로부터 스카우트 제의를 받고 더 높은 보수로 이직하게 되었다.

 "이 자식 양복 쫙 빼입은 거 봐. 너 서울에서 무슨 사기 치고 다니냐?"

 어쩌다 고향에 내려가면 친구들은 하나같이 그런 소릴 해댔다. 하지만 그새 서울 깍쟁이가 된 건지 난 그런 녀석들이 불쌍하고 안쓰러워 보였다.

 "나 이런 사람이거든?"

 명함을 고향 친구들한테 쫙 돌리면서 그 순간 으쓱한 기분에 젖어들기도 했다.

 하지만 그런 으쓱한 기분으로 서울로 돌아오면, 어김없이 내 쉴 곳은 달동네 쪽방이었다. 안성에서 출퇴근하는 게 불가능해 서울에서 방을 구했는데, 그동안 모아놓은 돈을 학원비와 생활비로 다 쓰다 보니 구할 수 있는 게 달동네 쪽방뿐이었다. 가파르게 이어진 계단들을 숨이 턱 밑까지 차게 한참 오르다 보면 비로소 나와 여자 친구의 안식처가 나왔다. 보증금 500만 원의 그 월세 쪽방은 합판으로 만들어진 통에 옆방에서 코 고는 소리까지 다 들릴 지경이었고, 쪽방 주민들끼리 함께 쓰는 비좁은 세면 공간 등은 여러모로 불편하기 짝이 없었다. 하지만 이미 각종 단칸방과 옥탑방은 물론 오르골 공장 창고 방에서도 지내본 나로서는 그럭저럭 견딜 만한 생활이기도 했다. 그래도 아내는 달랐을 것이다. 예전 양계장 생활 때도 잘 견뎌내긴 했지만, 또 그때보단 사정이 조금 나아지긴 했지만 이런 생활이 지긋지긋할 만도 했을 것이다. 하지만 이번에도 아내는 별다른 불만이 없었다. 이젠 나를 포기한 건가? 아니면 단련이 되어 아무렇지 않은 건가? 가히 불만제로의 갑이라고 밖에는 달리 표현할 말이 없다.

 결론적으로 나의 서울 생활을 종합해보자면, 겉모습은 멀끔한 양복쟁이 학원 강사지만 실상은 달동네 쪽방 거주자인 것이다. 액면가 월급만 따지면 일반 회사원들보다 더 많이 벌었다. 하지만 다달이 보내는 어머니 생활비를 포함해 이것저것 들어가는 돈이 너무 많았기에 돈을 모으기는 힘들었다. 그래서 그때 생각해낸 게 안성에 컴퓨터 학원을 차리는 거였다. 난 아이들 관리 능력이 있고, 여자 친구는 수업 능력이 있었다. 동료 강사 몇 명만 포섭해 안성에 학원을 차리면, 충분히 성공 가능성이 있는 일이었다. 그런데 그때 뜻밖의 연락이 왔다.

"다 접고 청양으로 내려와."
여자 친구 아버님의 갑작스러운 부름이었다.
처음에는 이게 무슨 뚱딴지같은 소린가 했는데, 알고 보니 아버님께서 시한부 선고를 받으셨던 것이다.
아버님은 호랑이 같은 인상에 풍채가 아주 좋고 성격도 괄괄한 분이셨는데, 어느 날 친지 병문안을 갔더니 담당 주치의가 아버님 얼굴을 한동안 빤히 쳐다보더니 대뜸 이러더란다.
"여기 누워 계신 환자분보다 상태가 더 안 좋으신 것 같은데, 빨리 검사받아보시죠."
의사의 말에 처음에 아버님은 황당해하시면서 말도 안 되는 소리 하지 말라고 하셨단다. 자신의 남자다운 풍채에 자부심을 갖고 계셨던 아버님은 무척 자존심 상해하셨지만, 주변의 권유에 마지못해 진료를 받았다. 검사 결과 당뇨 신부전 말기였다.

워낙 아버님이 평소 체구가 좋으셔서 병에 걸렸는지조차 몰랐던 것이다.

"혈액투석을 안 하면 6개월도 못 사십니다."

담당 의사의 청천벽력 같은 시한부 선고가 이어졌고, 큰 충격에 빠지신 아버님은 부랴부랴 외지에 나가 있던 자식들에게 연락을 하셨다.

"청양 내려와서 철물점 일 배워라."

그게 부름의 목적이셨다. 아버님은 무일푼 장돌뱅이로 시작해 그 당시 청양에서 손꼽을 정도로 부를 이룬 자수성가한 철물점 사장님이셨다. 갑작스러운 시한부 선고에 시간이 얼마 없음을 느낀 아버님은 서둘러 자신이 평생에 걸쳐 터득한 사업 노하우들을 자식들 중 누군가에게 전수하기로 결정하신 거였다. 그런데 자식은 딸 다섯에 아들 하나. 당시 막내인 아들은 고등학교 1학년이라 철물점 일을 배울 수 없는 상황이었다. 그래서 학생인 자식들을 제외한 나머지, 즉 내 여자 친구의 언니와 그 남자 친구, 그리고 내 여자 친구와 내가 부름을 받게 된 것이다.

하지만 컴퓨터 학원 차릴 꿈에 부풀어 있던 나로서는 아버님의 부름에 선뜻 마음이 내키지 않았다.

"청양에 내려가지 않으면 어떻게 될까?"

섣불리 결정을 못 내리던 내가 여자 친구에게 물었다.

"나랑 헤어져야 할걸?"

 여자 친구의 말에 나 역시 그럴 거라며 고개를 끄덕였다. 그렇잖아도 아버님은 호시탐탐 나와 여자 친구 사이를 갈라놓으려고 하시니까. 어쩌면 철물점 일을 가르치시겠다는 건 핑계에 불과할지도 몰랐다.

 '딸 앞길 막고 있는 나란 놈을 보란 듯이 걷어차고 눈 감고 싶으신 거야.'

 아버님께서 나를 어떻게 생각하고 계시는지 잘 아는지라 다분히 일리 있는 추측이기도 했다. 그럼에도 나는 여자 친구와 헤어질 생각이 털끝만큼도 없었고, 오히려 절대 이대로 물러설 수 없다는 오기만 불타올랐다. 결국, 나는 내가 어떤 놈인지 아버님 눈 감으시기 전에 꼭 보여드리고 말겠다는 결심으로 청양행을 결정했다.

 다음 날 학원 전체가 들썩였다. 그동안 비밀에 부쳤던 아내와의 관계가 동반 사직을 하게 되면서 만천하에 드러난 것이다. 애초 내가 다녔던 학원들은 사내 연애가 금지되어 있었고, 사내 연애를 하게 되면 한 명은 반드시 학원을 나가야 했다. 그랬기에 우리는 철저히 우리 관계를 비밀에 부쳤고, 같이 지하철을 타고 출근하더라도 내가 한 정거장을 더 가서 학원까지 걸어가든지 혹은 각자 다른 출구로 빠져나가 의심 살 일을 만들지 않았다. 학원에서는 서로 존칭 써가면서 절대 애인 사이를 티 내지 않았음은 물론이다. 그런데 하루아침에 연인이었음을 공개했으니 다들 놀라워했다. 더구나 자랑 같지만, 나와 여자 친구는 동료 강사들 사이에서 꽤 인기가 있었기 때문에 그때 실연의 상처를 받은 사람도 여럿이었다.

어쨌거나 한바탕 학원을 들쑤셔놓고 우리는 청양으로 내려갔다.

'철물점 일이 뭐 그렇게 어려울 게 있겠어? 내가 지금껏 어떻게 살아왔는데. 나 정도면 너끈히 견디고도 남지.'

여자 친구 식구들과 어떻게 돈독하게 지낼지 정도만 머릿속에 그렸을 뿐, 철물점 일 자체에 대해선 별반 생각해보지를 않았다. 그런데 그게 아니었다.

"너 여기서 못 버틴다. 오래 못 할 거다."

아버님 밑에서 철물점 일을 돕는 삼촌 분이 청양으로 내려온 나를 향해 대뜸 그렇게 말씀하셨다.

'에이, 설마?'

그저 겁주려고 하시는 말씀인 줄 알았다. 그런데 옛말 틀린 거 하나 없다고, 설마가 사람 잡는다는 말이 딱 맞았다. 철물점 일을 아버님께 전수받기 시작한 다음 날부터 나는 그야말로 사람 잡는 게 무엇인지를 뼈저리게 느끼며 하루하루를 보내야 했다.

아버님,
차라리 절 죽이세요!

아무도 몰랐다. 내가 서울에서의 잘나가는 학원 강사 생활을 버리고 미래의 처가에 들어가 살게 됐다는 사실을. 어머니께도 말씀 안 드렸다. 형제가 아홉인데도 어머니를 부양할 자식은 나뿐인 상황에서 내가 처가살이를, 그것도 결혼 전에 처가살이를 하려 한다는 얘기는 차마 할 수가 없었던 것이다. 이런 사정들로 인해 주변 사람들 모두 내가 여전히 서울에서 학원 강사를 하고 있는 줄 아는 가운데 나는 아내와 함께 몰래 청양으로 스며들었다.

청양에서 '예산철물점'이라는 상호의 철물점을 운영하시는 아버님은 최신식 3층짜리 건물 두 채에 스무 곳이 넘는 상가를 갖고 계실 정도로 부를 이루신 분이셨다. 그런데 그 많은 아버님 소유의 공간들 중에 내가 쉴 곳은 창고였다. 여자 친구 식구들이 3층 건물의 1층 전체를 널찍하게 쓴 반면, 내게는 1층 바깥에 나 있는 창고를 준 것이다.

"네 방이다. 여기서 지내라."

아버님의 말씀은 법이었으니, 나는 순순히 따랐다.

신혼방을 꾸민다는 생각으로 쉬는 일요일마다 창고의 먼지를 털고 도배를 했다. 산속 양계장 생활을 2년 가까이 하면서 모은 돈으로 어머니가 살던 거적때기 집을 직접 개조했던 경험도 있었기 때문에, 창고 하나쯤은 어려운 일이 아니었다. 다만 이런 생각은 들었다.

'왜 내가 사는 공간은 늘 비슷한 스타일일까?'

밑 빠진 독에 물 붓기처럼 비슷한 일이 반복된다는 느낌도 들었다. 하지만 오기가 났다. 나를 시험에 들게 하시는 여자 친구 아버님을 향한 강한 오기.

창고가 싹 개조된 걸 보시고 아버님은 내심 놀라는 눈치셨다. 분명 속으로 이러셨을 거다.

'하아, 이 자식이 내 딸한테서 정말 안 떨어질 심사인 게야?'

그 후 '너 이래도 안 떨어질래?! 안 떨어져?!'라고 말씀하시는 것처럼 매일매일을 사람대접을 안 해주시면서 마구 부리셨다.

일단 아버님은 잠을 허락하지 않으셨다. 기상 시간은 으레 새벽 4~5시. 그때 일어나 아침을 먹고 아버님을 조수석에 태운 채 전국을 누비며 다녔다. 실전에서 화물차를 몰아본 건 그때가 처음이었는데, 익숙지도 않은 화물차를 몰면서 아버님의 지시에 따라 대전으로, 의정부로, 파주로, 군산으로, 천안으로, 대구로 숱한 고물상과 철물점을 돌아다니며 물건들을 샀다. 과거 장돌뱅이로 차곡차곡 기반을 다지셨던 아버님은 전국의 고물상이며 철물점 사장님들을 꿰고 계셨다.

"오셨어요? 1년 만이네요."

1년 만에 찾아가도 어제 만난 사람처럼 서로 반가워하는 모습은 낯설면서도 훈훈한 광경이기는 했다. 하지만 그 훈훈함은 그들만의 것이었을 뿐 내겐 미치지 않았으니, 내 가슴속에선 휑한 찬바람 소리와 함께 덜컥 겁부터 났다.

'이번엔 또 얼마를 실어야 하는 거야?!'

처형 남자 친구가 한 달을 버티다 포기하고 가버린 후로 나는 온전히 혼자서 모든 물건을 2.5톤 트럭에 실어야 했다. 때로는 무거운 기계를, 때로는 산더미만큼의 미제함석을 낑낑대면서, 혼자.

"이놈아, 그렇게 실으면 안 되지! 나 하는 거 봐."

가끔 보다 못한 아버님이 혀를 차며 시범을 보여주시기도 했지만, 그것도 잠시뿐 결국 모든 일은 내 몫이었다. 일을 제대로 못 하면 불호령이 떨어지기 일쑤였다. 거기다 목청은 또 얼마나 크신지 산 하나를 뒤흔들 정도였다.

"이 놈의 새끼야!"

갑자기 그런 불호령이 들려오면, 순간 가슴이 철렁 내려앉고 다리에 힘이 풀릴 지경이었다.

그렇게 종일 전국을 누비며 물건들을 싣고 집으로 돌아오면 밤 10~11시가량. 그때쯤 되면 물에 젖은 솜처럼 손가락 하나 까딱하기가 싫어지는데, 저녁 먹고 나면 다시 아버님의 새로운 교육 시간이 시작되었다.

교육 내용은 물건을 고르는 법과 사람 대하는 법뿐만 아니라 인생 전반에 대한 가르침들이었다. 좋은 말씀이셨다. 하지만 피곤해 당장이라도 누워 자고 싶은 마음이 굴뚝같은 상태에서 2~4시간가량 무릎 꿇은 채 꼼짝 않고 앉아 있어야 했으니, 아버님보다 내가 먼저 돌아가실 지경이었다. 거기다 어르신들이 대체로 그러하듯, 아버님 역시 이미 하신 말씀들을 생전 처음 하는 얘기처럼 거듭 반복하고는 하셨다.

'아버님, 그거 조금 전에 말씀하셨는데요.'

진정 그렇게 말씀드리고 싶었다. 하지만 극한의 인내심을 발휘해 꾹 참았다. 어느 때는 그런 아버님을 말리지 않는 여자 친구가 원망스러웠다.

아버님의 교육 시간이 끝나고 나면 자정이나 새벽에 겨우 창고 방으로 가 잠을 청하게 되는데, 얼마 못 가 또 문 두드리는 소리가 들리게 마련이다. 아버님이셨다.

"중요한 얘기를 깜빡했다. 자, 앉아서 들어봐라."

다시 아버님의 교육은 이어졌고, 그러다 보면 어느새 날은 밝아 새벽 4~5시. 아침 먹고 일 나갈 준비를 해야 할 시간이 오는 거다. 그야말로 인간의 생활이 아니었다. 화물차 몰고 전국을 누비지 않는 날에는 종일 철물점 마당에서 물건 고치거나 배달 일을 도맡아 해야 했다. 세 사람 몫을 나 혼자 하는 식이었다. 더구나 월급 한 푼 없었다.

'그냥 관둬버릴까? 여자 친구를 포기할까? 내가 여기서 뭐 하고 있는 거야? 당장 서울 올라가면 강사 생활 할 수 있는데….'

매 순간순간 그런 생각들을 하면서 일을 하다 보면, 또 어느새 식사 때가 온다.

"먹어! 많이 먹어!"

아버님은 나와 함께 식당을 가면 꼭 내 몫으로 2인분을 시켜다 먹게 하셨다. 집에서 식사를 할 때도 마찬가지였다.

"네, 잘 먹겠습니다!"

씩씩하게 말하고 밥을 먹으면서 나는 속으로 생각했다.

'이게 일 시키려고 소 여물 먹이시는 거지 뭐냐고.'

아울러 처음 아버님께 인사드렸던 그날의 일도 떠오르고는 했다.

산속 양계장 생활을 청산하면서 정식으로 여자 친구 부모님께 인사드려야겠다는 마음을 먹었었다.

"우리 둘 중 하나는 죽을지도 몰라."

여자 친구의 얘기에 사뭇 긴장은 됐지만, 어차피 한 번은 겪어야 할 일이라며 마음가짐을 굳게 했었다. 그리고 그 다부진 마음가짐은 당시 천안 터미널에 있었던 운보 찻집에서 여자 친구 부모님을 만난 직후 바로 와르르 무너졌고, 가시방석에 앉아 있다는 말이 어떤 느낌을 가리키는지 그때 정확히 알 수 있었다. 잠시 화장실 좀 다녀오겠다며 어머님이 여자 친구를 이끌고 자리를 뜬 직후 내 귓가에 꽂히던 어머님의 목소리….

"네가 제정신이야! 너 눈이 삐었니?! 저런 녀석을 왜 만나!"

화장실로 끌려가면서 어머님께 수도 없이 등짝을 맞는 여자 친구의 모습을 보면서 진정 나는 몸 둘 바를 몰라 했었다. 잔뜩 화난 얼굴로 고개를 모로 틀고 계시는 아버님을 보면서 생각했다.

'여기 이렇게 계속 앉아 있어야 하나?'

그때였다.

"나가서 식사나 하지."

호구조사를 끝낸 뒤 아버님은 더는 할 얘기가 없다는 듯 일어나셨고, 나는 너무 당황해 판단 능력을 순간적으로 상실했던 건지, 오기가 생겼던 건지 아니면 여자 친구를 향한 사랑 때문이었던 건지 꾸역꾸역 아버님을 따라나섰다.

아버님이 들어간 곳은 천안 장어집이었다.

"많이 먹어라! 먹어!"

아버님께서 뭐든 잘 먹는 남자를 좋아한다는 정보를 이미 여자 친구로부터 입수한 터였다. 나는 내세울 것도 보여줄 것도 이것밖에 없다는 심정으로 미친 듯이 먹음직스럽게 장어를 먹어댔다. 그날 아버님께서는 장어 3킬로그램을 시키셨는데, 내가 먹은 게 2킬로그램이었다. 내가 평소 장어를 좋아했느냐 하면, 전혀 아니었다. 그날 처음 장어를 먹어본 나는 물컹물컹한 장어를 씹으며 꼭 식용유를 먹는 느낌을 받았다. 속이 울렁거리고 정말 입에 넣기도 싫었지만, 꾸역꾸역 세상에서 장어보다 더 맛있는 음식은 없다는 듯이 먹어댔다.

그런데 이젠 끼니마다 아버님 앞에서 있지도 않은 먹성을 쥐어짜면서 게걸스레 먹어대야 하는 것이다.

'이 생활이 언제쯤 끝날까? 이건 아무도 모르는 무인도에 감금된 채 학대받는 느낌이야. 새우잡이 배에 팔려간 사람들 생활이 이럴까?'

'그토록 아버님은 내가 싫으신 걸까?'

그런 생각들에 젖어들다 보면, 어느 틈엔가 또 불호령이 떨어졌다.

"이놈의 자식, 너 정신 똑바로 안 차릴래!"

머리털이 쭈뼛쭈뼛 서고 가슴속에 뜨거운 것이 치밀었지만, 이상하게 내 입에서 나오는 말은 늘 순한 어린양이었다.

"네, 아버님!"

씩씩하게 마저 일을 마치고 창고 방에 들어가면, 바로 여자 친구를 붙잡고 하소연을 해댔다.

"오늘 얼마나 힘들었는지 알아? 이대로 계속 가다가는 진짜 죽을지도 몰라. 나 어쩜 좋냐? 인간적으로 사람대접은 해주셔야지."

그렇게 푸념을 늘어놓다 겨우 잠을 청하면, 얼마 못 가 또 새벽녘에 문 두드리는 소리가 들리는 거다.

"깜빡 잊은 얘기가 있다."

성큼성큼 창고 방으로 들어오시는 아버님을 보며 나는 마음속으로 외쳤다.

'아버님, 차라리 절 죽이세요!'

9개월 만의
승리

하루하루 지옥 같은 생활을 이어가면서 난 늘 아버님의 의중이 궁금했다. 이렇게까지 하는 진짜 이유가 무언지 알고 싶었던 것이다. 두 가지 중 하나일 것은 분명했다. 즉, 여자 친구로부터 나를 떼어낼 작정이시거나 사윗감으로 내가 적합한지 테스트를 하고 계시거나. 물론 처음에는 전자임이 틀림없다고 여겼다. 아버님이 내게 하시는 말씀들이 이를 증명하고도 남았기 때문이었다.

"너처럼 못 배우고 가진 것 없고 내세울 것 없는 놈이 이 험한 세상을 뭘 믿고 살아갈 건데? 성실은 해야지. 죽어라 열심히 노력은 해야지."

그런 말을 들을 때면 대못이 박히는 듯 가슴속이 아려왔다. 하지만 사실이었기에 인정할 수밖에 없었다. 내가 못 배우고 가진 것 없고 내세울 것 없다는 것은 나도 잘 알았다. 그리고 그런 말씀을 다른 사람이 아닌 아버님께서 하셨기에 수긍할 수밖에 없었다. 아버님은 아무것도 가진 것 없이 몸뚱이 하나로 많은 부를 이루신 분이셨다. 표현 방식이 직설적이라 감당하기 힘들기도 했지만, 아버님의 살아오신 인생은 인정하고 존경할 수밖에 없었다. 내가 제대로 인생을 살고자 한다면, 아버님 말씀을 따르는 게 옳다고도 생각했다. 하지만 그렇게 착한 마음을 먹을 때면 또 으레 아버님은 이런 얘기를 하시는 거였다.

"대전 방앗간 집 공무원 하는 아들이 우리 미영이 짝이었는데. 딱 좋은 짝이었는데."

여자 친구에게 들어온 좋은 혼처 자리를 나 때문에 물리게 된 걸 못내 아쉬워하시면서 하는 말씀이셨다. 얼굴 한 번 본 적 없는 방앗간 집 공무원 하는 아들은 체구도 꽤 좋더란 말씀도 하셨는데, 그런 얘기를 들을 때면 속이 부글거리지 않을 수 없었다.

그리고 처음 아버님을 뵀을 때가 여지없이 떠올랐다. 아버님은 일단 내 외모를 못마땅해하셨다. 나중에 여자 친구를 통해 들은 바로는 그날 아버님은 내 첫인상에 대해 "양복 입은 꼴이 꼭 나이트클럽 웨이터 같다"라고 평하셨다고 한다. 비쩍 마르고 까

무잡잡하고 안경 쓴 나는 아버님이 제일 싫어하는 스타일이었다. 그리고 그날 이어졌던 아버님의 질문과 나의 대답은 또 어땠는가.

"양친 모두 생존해 계시고?"

"아버님은 어려서 돌아가셨고, 어머님이 계십니다."

"형제는 어떻게 되나?"

"5남 4녀 중에 제가 여덟 번째입니다."

"그럼 어머님은 누가 모시고 계시나?"

"제가요."

"학교는 어디까지 나왔나?"

"농고를 졸업했습니다."

"자네 지금 어디 다니나?"

"**엔지니어링이라고 주식회사 다니고 있습니다."

"그 회사에서 구체적으로 무슨 일을 하나?"

"생산직으로 근무하고 있습니다."

"교회는 다니나?"

"안 다닙니다."

총체적 난국이었다. 아버님이 평소 가장 싫어하는 모든 조건을 하나로 모아놓은 인간이 바로 나였다. 나와의 첫 대면 후 아버님은 당장 우리 둘을 헤어지게 할 생각도 하셨다고 한다. 그러나 억지로 떼어놓으면 여자 친구가 엇나갈까 봐 시간을 두며 살살 달래서 헤어지게 만들 계획이셨는데, 일이 결국 이렇게 된 거였다.

"월급쟁이 생활 죽어라 해봐라. 집 하나 달랑 장만하고 끝이지. 나 그런 놈한테 내 딸 못 맡긴다. 평생 고생시킬 게 뻔히 보이는데 어떻게 내 딸을 줘? 내 딸이랑 평생 살고 싶으면 나한테 배워서 사업을 해."

이 말씀은 청양 내려올 때부터 아버님께서 자주 하셨던 얘기로, 나는 아버님께서 여자 친구로부터 날 떼어놓으려고 하시는 얘기인 줄로만 여겼었다. 하지만 아버님께서 내게 철물점의 중책인 일을 맡기시기 시작하면서부터, 어쩌면 그 말씀이 아버님의 진심일지 모른다는 생각을 하게 되었다.

'아버님은 어린 막내아들에게 줄 수 없는 걸 내게 물려주시려는 거구나, 당신에게 남아 있는 시간이 얼마 없다는 걸 아시기에 이토록 서두르시는 거구나.'

갈수록 쇠약해지시는 아버님의 모습도 내 마음속 울분과 불만을 가라앉혀주었다. 하지만 그렇다고 힘든 게 힘들지 않게 된 건 아니었다. 묵묵히 새벽까지 이어지는 아버님의 말씀을 귀담아들으면서, 고물상에서 가져온 물건들을 고치면서, 화물차를 운전하며 전국을 누비면서 언제까지 이 생활을 계속해야 하나 생각했다.

 무엇보다 고향에 계시는 어머니가 제일 걱정이었다. 제사나 명절 때 안성에 내려갈 때면 어머님은 내게 이렇게 말씀하셨다.

 "서울서 학원 강사 하는 애 얼굴이 왜 이 모양이냐? 왜 자꾸 이렇게 말라?"

 "요즘 시험 앞두고 있어서 수업이 많아요. 야외 수업하느라 얼굴도 좀 많이 탔죠?"

 대충 얼버무렸지만, 그것도 한두 번이지 언제까지 속일 수는 없는 노릇이었다. 또한, 어머니도 말씀만 안 하실 뿐, 내게 무슨 일이 생겼다는 걸 눈치채고 계시는 것 같았다. 거기다 버는 돈 한 푼 없이 모아놓은 돈으로 어머니 생활비를 매달 보내다 보니 어느새 통장 잔고가 거의 바닥을 향해 가고 있었다.

 "언제까지 이렇게 청양에 잡아두실 건데요! 아빠 욕심만 중요해요? 우리도 살아야 할 거 아니에요!"

 청양에 내려온 지 9개월이 됐을 때였다. 여태 부모님 말씀 한 번 거역해본 적 없던 순둥이 둘째 딸 미영이가 저녁밥을 먹던 도중 난생 처음 반항을 한 것이었다.

 일순간 시간이 멈춘 듯, 지구가 멈춘 듯, 식구들 모두 숟가락을 든 채 동작 정지였다. 그리고 다음 순간 일제히 아버님을 살폈

다. 집안의 왕이신 아버님 역시 그대로 굳어 계셨다. 얼굴은 붉으락푸르락 당장 무슨 일이라도 일어날 낌새였다. 평소 같았으면 바로 밥상을 엎어버리고도 남으셨을 거다. 하지만 너무 충격을 크게 받으셨는지 아버님은 굳은 얼굴 그대로 앉아 계실 뿐이셨다. 슬금슬금 서둘러 밥상이 물려졌다.

"너희가 부모 마음을 어찌 알아? 내가 나 하나 좋자고 이러겠느냐?"

그날 밤 아버님께서 처음으로 눈물을 보이셨다. 하염없이 눈물을 흘리시면서 여자 친구와 나를 향해 이런저런 얘기를 하셨는데, 아버님은 아버님대로 그동안 생각을 많이 하셨던 듯했다. 우선은 내게 철물점을 물려주고, 결혼 안 한 첫째 딸에게는 상가 액세서리 가게를 내줄 계획이셨던 거다.

"꼭 다시 안성에 가야겠니?"

아버님의 물음에 나는 고개를 끄덕였다.

"어머님을 언제까지 저렇게 혼자 계시게 할 수는 없습니다."

"형들 놔두고 맏이도 아닌 네가 어머니를 모실 필요는 없지 않겠냐?"

장인어른도 장모님도 어머니를 모시겠다는 나의 선택에 이해할 수 없다는 반응을 보이셨다.

하지만 결국 내 뜻을 받아들여주셨다.

"아무나 부모를 모실 수 있는 건 아니지. 부모 모실 수 있는 것도 복이야."

그러고는 중대 발표를 하셨다.

"미영이랑 이달 안으로 결혼해라. 그리고 철물점이든 고물상이든 둘 중에 하나를 해. 내가 그동안 이만큼 너를 가르쳤는데 그거 못 하겠어? 노력해서 빨리 자리 잡아."

명실상부한 사위로 인정받는 순간이었다. 하지만 썩 기분이 좋지는 않았다. 좀 더 우리를 옆에 두고 싶어 하시는 아버님의 마음을 모르지 않았기 때문이었다. 여자 친구의 반항이 아버님으로 하여금 서둘러 결정을 내리시게끔 만든 건 확실했다.

"처갓집 철물점 물려받지 않은 거 후회 안 해?"

가끔 친구들도 이런 말을 하고는 한다. 하지만 나는 단연코 한 번도 후회하지 않았다.

장인어른도 장모님도 내겐 부모님이나 진배없다. 그러나 그때도 지금도 그 많은 고생을 하며 어렵게 살아온 내 어머님이 내겐 더 아픈 존재다. 처가댁은 경제적으로 윤택했으니 나 하나 없다고 큰 문제가 될 리는 없다고 생각했었다.

그럼에도 과거 북적거리던 철물점이 현재 물건 떼다가 파는 정도로만 유지되고 있는 모습을 볼 때면 돌아가신 장인어른이 떠올라 가슴 한편이 먹먹해지고는 한다. 그래도 다행인 게 방송 출연을 하면서 장모님이 동네 사람들로부터 사위 잘 됐다는 얘기를 엄청나게 많이 듣게 됐다는 것이다. 그렇게라도 효도를 하게 돼 참 기쁘다. 두 어머님은 언제까지 내 곁에 계실까? 끝까지 복 받은 사람이자 선택받은 사람으로 남고자 두 어머님 살아 계시는 날까지 열심히 감사의 마음을 전하고 싶다.

다시 결혼 승낙받던 그 시절 얘기로 돌아가기로 하자. 청양을 떠나기 전 아버님은 날 대전백화점으로 데려가 양복을 사주셨고, 친척분 가게에서 결혼 예물로 시계와 반지를 해주셨다. 그게 처음이자 마지막으로 아버님으로부터 받은 선물이었다. 그리고 신혼살림용으로 낡은 장롱과 중고 가전제품 몇 가지, 철물점을 하든 고물상을 하든 일하는 데 필요할 거라며 88년식 고물 수동 기어 용달차와 물건들 지켜줄 용도로 쓰라며 개 세 마리를 내주셨다.

"밑바닥부터 시작해야 더 열심히 일할 수 있는 법이야. 도움받기 시작하면 그게 다 버릇이 되니까 이것들로 시작하고, 내 딸을 줬으니 용돈 주는 거 잊지 마라. 올 때마다 백만 원이다, 알았지?"

아버님의 말씀에 전혀 서운하지 않았다. 4~5년 동안 늘 꿈꿔왔던 소원이 이루어졌는데, 가진 것 없이 시작한다 한들 그게 무슨 대수냐 싶었다. 그렇게 나는 여자 친구 미영이와 결혼을 하게 됐다.

"무슨 돈으로 결혼식 치르려고?"

여자 친구의 걱정에 난 화통하게 대꾸했다.

"일단 결혼식 치르고 비용은 축의금 들어온 돈으로 갚으면 돼. 염려 마."

큰소리쳤지만 슬슬 염려가 되기는 했다. 안성에서 결혼식장 몇 군데를 돌아다니며 상담한 결과 결혼식 비용으로 천 2백 만 원 가량은 있어야 할 것 같았다. 큰형을 찾아가 사정 얘기를 했지만, 50만 원을 빌린 게 고작이었다. 결혼식 치르기엔 턱없이 부족한 돈이었다. 결국, ○○캐피탈에서 천 7백 만 원을 빌려 결혼식을 올리기로 했다.

호랑이를 잡기 위해
호랑이 굴로 들어가다

2000년 12월 23일 결혼식 날, 나는 좋아 덩실덩실 춤이라도 출 듯했다. 하지만 강원도 펜션에서 행복한 신혼여행을 보내기로 한 우리의 계획은 쫓아온 친구들로 인해 틀어지기 시작했고, 급기야 친구들이 그곳에 여행 온 여자분들과 술 마시다 싸움을 벌이는 통에 엉망이 돼버렸다. 아내는 갑작스러운 상황에 울음을 터뜨렸고, 싸움을 말리던 나는 맥주병에 손까지 다쳤다.

결국 "니들은 친구들도 아냐!" 소리치고 아내를 데리고 펜션을 나왔지만, 바야흐로 크리스마스 시즌이라 펜션이며 모텔이며 예약이 꽉 차 방이 없었다. 할 수 있는 거라고는 운전하며 차 안에 있는 것밖에 없었고, 그렇게 도로를 달려 우리는 다음 날 아침 경상도에 도착했다. 3만 원짜리 민박집을 겨우 얻어 눈을 붙이고, 그때부터 6박 7일 차를 몰면서 전국 일주를 했다. 울산에서 청학동으로 다시 통영, 마산, 진주, 군산으로… 악몽 같았던 신혼여행 첫날의 기억은 지워버리고 즐거운 추억만을 간직한 채 우리는 안성으로 다시 돌아왔다.

 안성에 돌아와 내가 가장 급하게 처리해야 할 일은 축의금으로 들어온 돈으로 빚을 갚는 거였다. 결혼식에 꽤 많은 하객이 왔으니 큰 문제는 없을 거라 생각했다. 그런데 이게 웬일. 축의금 하나 남은 게 없이 축의금 장부만 돌아와 있었다.

 "결혼식에 온 하객들 다 나 보고 온 손님들이야. 내가 이제껏 결혼식 쫓아다니면서 씨 뿌린 거 이번에 거둔 거라고."

 큰형이 50만 원을 어머니께 챙겨드리고는 나머지 축의금을 다 가져간 것이었다.

 머릿속이 아득해졌지만 이미 어쩔 수 없는 일이었다. 그리고 새해가 밝았고, 별다른 감흥 없이 나는 꼼짝 않고 집 안에 처박혀 어떻게 살아야 하나 고민을 했다.

 "철물점을 하든 고물상을 하든 둘 중에 하나를 해."

 장인어른의 말씀을 떠올리다가 고물상으로 마음을 굳혔다. 무엇보다 철물점을 하기에는 자본이 너무 없었고, 고물상은 맨주먹으로라도 어떻게든 할 수 있지 않을까 싶었다.

1월 4일, 차를 몰아 집을 나섰다. 신혼여행 때도 몰고 다녔던 그 차는 장인어른이 몇 년 전 아내에게 사준 차였는데, 저수지 옆 텐트 생활을 할 때부터 우리들의 애마였다.

그날 차를 몰고 내가 간 곳은 동네 고물상인 'OO자원'이었다.

"일하고 싶어서 왔습니다. 일 좀 시켜주십시오."

마당에 차를 세워두고 컨테이너 사무실로 들어간 나는 꾸벅 인사를 하고는 찾아온 목적을 말했다.

OO자원 사장님은 나를 아래위로 쓰윽 훑어보시더니 한마디 했다.

"가!"

무어라 더 말을 해보고 싶었지만, 사장님이 역력하게 귀찮다는 표정으로 어서 나가달라는 손짓을 하는 바람에 그대로 돌아서서 나올 수밖에 없었다.

집으로 돌아간 나는 종일 고민을 했다.

'도대체 왜 나더러 바로 그냥 가라고 한 거야? 나한테 무슨 문제가 있나?'

생각에 생각을 거듭하다가 다음 날 나는 평상복을 벗고 허름한 작업복에 장화를 신은 채 차를 놔두고 다시 OO자원에 갔다.

'내가 왜 퇴짜를 맞았는지 그 이유는 알아야 할 거 아냐. 그래야 다른 고물상을 찾아가더라도 퇴짜를 안 맞지.'

하지만 퇴짜 맞은 정확한 이유는 끝내 알 수 없었다. 어제와 똑같이 일을 시켜달라고 말하는 나를 빤히 쳐다보시던 OO자원 사장님은 대뜸 이렇게 물으셨다.
"무슨 일 할 수 있어?"
"시키는 일 다 하겠습니다."
나는 이등병처럼 씩씩하게 자신감 넘치는 목소리로 대답했다.
"화물차 따라가서 철거하는 거 해봐."
면접 합격과 동시에 그날 나는 처음으로 고물상 일을 시작하게 되었다.

지금이야 철거 업체로 등록된 곳만 철거 작업에 들어가지만, 그 당시에는 알음알음 고물상들도 작업에 투입돼 일을 했다. 하지만 철거 작업은 고만고만한 고물상들이 흔하게 하는 일은 아니었으니, 난 첫날부터 만만찮은 작업을 맡게 된 셈이었다.

그야말로 한겨울의 전쟁터였다. 진눈깨비가 날리는 가운데 포클레인이며 집게차가 철거 작업을 하고 있었고, 그 틈에서 나는 최대한 빠른 손동작으로 철근 같은 고물 등을 챙겨야 했다. 하지만 처음 해보는 철거 일이었고, 더구나 날씨도 너무 추워 시린 손은 내 맘대로 움직여주질 않았다.

"빨리빨리 좀 나갑시다!"

포클레인 기사가 짜증스럽다는 듯 뒤에서 연신 소리를 쳐댔다.

죽어라 손을 놀릴 수밖에 없었다. 먼지와 진눈깨비로 시야도 잘 확보되지 않은 상태에서 각종 장비 소리며 소음들이 귓가를 내리치는 통에 자연스레 머릿속이 멍해졌다. 결국, 정신없이 손을 놀리며 일하다 신고 온 장화가 찢어졌고, 찢어진 틈으로 눈이 들어가 발이 꽁꽁 얼어붙었다.

일을 다 마치고 지친 몸을 이끌고 컨테이너 사무실로 돌아갔더니, 사장님께서 그럭저럭 마음에 든다는 표정을 지으셨다. 중간에 못 하겠다고 도망칠 줄 알았는데 끝까지 일을 마쳤다는 사실에 내심 계속 일을 시켜도 되겠다는 판단을 하신 모양이었다.

"아침 7시부터 저녁 7시까지 근무야. 일요일은 한 달에 두 번만 쉬어. 월급은 100만 원이고."

최종 합격이었다.

그날 집에 돌아간 나는 완전히 대자로 뻗어버렸다.

'이거 계속 해야 돼? 말아야 돼?'

고민을 하다가 어느새 피곤함이 몰려와 잠에 곯아떨어진 나는 다음 날 새벽밥을 챙겨 먹고 아침 7시 전에 OO자원으로 출근을 했다. 당장 일을 안 하면 먹고살 길이 막막했고, 빚진 천 7백 만 원의 이자가 매달 어마어마했기 때문이었다. 즉 굶어 죽지 않고, 빚에 쫓겨 도망치고 싶지 않으면 일을 해야 했던 것이다. 물론 유흥업소 일은 구하려고 들면 구할 수도 있었다. 하지만 아내를 생각해서라도 그런 일만은 피하고 싶었다.

그런데 내 고물상 인생이 시작된 OO자원이라는 곳이 알고 보니 무척 힘든 곳이었다. 나 빼고 직원이라곤 사장님 동생분 한 명뿐이다 보니 거의 혼자 일을 하게 되는 식이었다. 거기다 장비 하나 없이 오직 손으로만 일을 해야 했는데, 처음에야 뭣도 모르고 시키는 대로 일했지만, 차츰 장비 하나 없이 일을 한다는 게 무리라는 걸 알게 됐다. 돈이 없어 장비가 없나 생각하기도 했었다. 그러나 하루 이틀 겪어보면서 나는 깨달았다. 사장님은 돈을 쌓아두고도 장비 장만할 마음이 없으신 분이라는 것을. 군소리 없이 내가 열심히 일한 덕분에 거래처가 늘어났을 때 처음에는 기분이 좋았다. 하지만 거래처가 늘어난 만큼 내 일만 많아지는 거라는 걸 깨달으면서 더 이상 거래처 늘어나는 게 반갑지도 않게 됐다.

"이제부터 점심은 네가 해라."

사장님의 말씀에 나는 점심 당번도 도맡아야 했다. 그 전까지 사장님은 동생분과 함께 점심을 시켜 드셨다. 그런데 내가 들어오면서부터 직접 밥을 지어 점심을 해결하시려 하는 거였다. 자연히 나는 정신없이 일하다가 점심때만 되면 컨테이너 사무실로 뛰어들어가 밥을 짓고, 파래김이나 마당 한쪽에 심어둔 고추 같은 걸 뜯어다 끼니를 때웠다. 그리고 얼른 또 설거지를 마치고, 하던 고물 일을 마저 해야 하는 것이었다. 그러다 보니 점심 때만 되면 불쑥불쑥 뭔가 속에서 치밀어 올라왔으니, 일 자체도 익숙지 않은 초보 고물상으로서는 버거운 하루하루였다고 하겠다.

세상의 손가락질 따윈
개나 줘버려

"학원에 다시 나와주세요."

그만둔 학원에서 전화가 걸려왔다. 학원 본부장님은 얼마나 내가 학원에 필요한 인재인지를, 내가 얼마나 학생들 관리 능력이 출중한지를, 그 출중한 능력을 썩히는 게 얼마나 안타까운 일인지를 누누이 설명했다. 나 역시 깊이 공감했다. 하지만 내가 할 수 있는 말은 이것밖에 없었다.

"전화는 감사합니다만 죄송합니다. 사정상 어렵겠습니다."

"요즘 무슨 일 하시는데요?"

"고물상이요."

"……."

수화기 너머 이어지는 잠깐의 침묵이 무슨 뜻인지 나 역시 모르지 않았다. 대꾸하기도 곤란할 정도의 기막힘이자 '이석수 씨, 지금 제정신이에요?' 정도로 해석될 수 있을 것이다.

학원 본부장님뿐만이 아니었다. 어느 날 불쑥 고물상 일을 시작한 나를 향해 세상은 미쳤다며 손가락질을 해댔다.

"에미가 얼굴을 들고 다닐 수가 없어, 이놈아! 넌 사람도 아냐!"

어머니는 부끄러운 아들 때문에 경로당도 못 나가게 되셨다면서 내 등짝을 후려치셨다.

"집안 망신을 시켜도 유분수지, 학원 강사 때려치우고 쓰레기 줍고 다녀? 네가 미친놈이지 뭐야! 취직자리 알아봐줄 테니까 당장 쓰레기 일 그만둬!"

못난 동생을 둔 게 창피한지 큰형은 주먹을 치켜들며 분해했다.

친구들도 마찬가지였다.

"석수야, 너 쓰레기 쫓아다닌다며? 우리 집에 쓰레기 있는데 줄까?"

지금이야 재활용이 당연한 상식으로 받아들여지지만, 그 당시는 재활용은 없고 쓰레기라는 개념만 있던 시절이었다. 당연히 고물은 물론 고물상에 대한 정보도 거의 없었다. 그렇기 때문에 고물상이란 직업은 꾀죄죄하고 궁핍하고 무식하고 미련하며 나이 또한 많은 사람이 타인들의 시선을 피해 숨어서 일하는, 일종의 떳떳하지 못한 직업 중 하나로 인식되었다. 그런 시대 상황 속에 20대 젊은 놈이 고물상을 한다는 건 스스로 "나 정신 반쯤 나갔어요" 혹은 "팔자가 기구해 이미 인생 망친 놈이에요"라고 광고하는 꼴이었다.

주변 사람들의 시선이 그렇다 보니 나 역시 하루에도 열두 번씩 마음이 흔들리지 않을 수 없었다. 그럴 때 서울의 예전 직장으로부터 다시 근무해달라는 전화를 몇 번이나 받게 되었으니, 여차하면 내일 당장 서울로 출근할 판이었다. 그때 흔들리는 나를 잡아준 사람도, 유일하게 내게 고물상 일을 계속하라며 용기를 북돋워준 사람도 아내였다.

"자기, 지금껏 직업을 몇 번이나 바꿨는지 알아? 그때마다 매번 신입이잖아. 언제까지 신입 인생만 전전할 건데? 고민 많이 해서 시작한 고물상이잖아? 힘들더라도 일단 이 일에서 성공한 다음에 다른 하고 싶은 일을 해, 응?"

아내의 말에 수긍할 수밖에 없었다. 그때까지 내 인생은 매번 시작은 있는데 끝이 없는 식이었다. 나이는 먹어가는데 언제까지 계속 그렇게 살아갈 건가. 아내의 얘기처럼 지금 이 어려움을 극복하지 못하고 서울로 올라가 컴퓨터 학원 강사 생활을 다시 시작한다고 치자. 과연 얼마나 오래 버틸까? 이번에는 반드시 자리 잡고 말겠다고 큰소리칠 수야 있겠지만, 나 자신을 믿을 수가 없었다. 고물상 일을 시작할 때도 몇 달 하다 관둘 거라고는 생각지 않았기 때문이었다. 습관적으로 평생 신입 인생만 살게 되지 않을까, 나 스스로 겁이 났다.

"이 자식아, 9개월 동안 가르쳤더니 네가 지금 딴생각을 해!"

등 뒤에서 장인어른의 불호령이 들리는 것 같기도 했다. 편치 않은 몸으로 딸의 미래를 위해 해줄 수 있는 유일한 것이라 믿으시고 내게 그토록 많은 시간과 에너지를 투자하셨는데. 난 이제 막 고물상 일 조금 해보고 힘들다고 관둘 생각을 하다니, 분명 인간으로서 도리가 아니었다. 또한, 9개월 지옥 같은 생활을 견딘 결과를 나 스스로 무위로 만들어버리는 꼴이었으니 아무리 생각해도 안 될 일이었다.

그래서 내린 결론이 아내의 말대로 일단은 고물상으로 성공을 거두자는 것이었고, 그러기 위해서라도 우선 OO자원에서 공부한다는 생각으로 이 악물고 버티자는 거였다. 장인어른으로부터 가르침을 받아 철물점 일은 어느 정도 알게 됐지만, 고물상 일은 철물점 일과는 또 달랐기 때문이었다. 어떤 물품이 어떻게 팔리는지와 물건들 각각의 수익성이며 단가를 익히기 위해서라도 시간 투자가 필요하다고 판단했다.

하지만 월급 100만 원이 걸림돌이었다. 통장에 겨우 몇 만 원밖에 없었을 때였으니, 매달 100만 원씩을 번다해도 언제 빚 천

7백 만 원과 이자를 다 갚을 건지 계산이 안 나왔다. 거기다 생활비며 어머니 용돈에 처가 갈 때마다 장인어른께 드려야 할 100만 원 용돈까지… 다시 빚을 내지 않은 한 무리였다.

고민 끝에 오후 7시 근무를 끝내고 고물을 주우러 다니기로 했다. 장인어른께서 주신 88년식 수동 기어 용달차도 있겠다, 해볼 만한 일이다 싶었다. 그러나 막상 동네 돌아다니며 고물 주울 생각을 하니, 무엇보다 용기가 안 났다. 그래서 초반에는 사람 발길이 뜸해지는 한밤중까지 기다렸다가 나갔고, 나갈 때는 필수품으로 마스크 챙기는 걸 잊지 않았다.

용달차를 몰며 동네를 천천히 돌다가 고물이 보이면 차를 세웠고, 행인이라도 있으면 지나가길 기다렸다가 차에서 내려 마스크로 얼굴을 가린 채 잽싸게 고물을 짐칸에 실었다. 그때는 마스크로 얼굴을 가리면 아무도 못 알아볼 거라고 생각했는데, 나만의 착각이었다. 어느 집에 무슨 일이 있는지 속속들이 다 아는 시골 동네에서 밤마다 낡아빠진 용달차 끌고 나가 쓰레기를 줍는데 누군들 날 못 알아보겠는가.

"나도 나갈까?"

퇴근하고 밤에도 일 나가는 내가 안쓰러웠는지 아내가 어느 날 말했다.

"너까지 따라 나가면 내가 뭐가 되냐? 더 창피해."

나의 통박에도 아내는 지지 않았다.

"난 그냥 운전만 하면 되잖아."

그렇게 우리는 함께 밤일을 나가기 시작했는데, 운전하는 사람과 고물 싣는 사람으로 역할 분담이 되니 일이 엄청나게 빨라졌다. 아내와 함께 하니 호흡도 맞고 일도 재밌어졌다. 히터도 작동 안 되는 트럭 안이 갑자기 훈훈해진 느낌이랄까? 펜치로 돌려야 열리는 창문도, 바닥이 뚫려 비 오는 날이면 장화를 신어야 하는 불편함도 아내가 있으니 그냥 재미난 일이 되었다. 나중에는 아내가 "난 그냥 하루 쉬면 안 돼?"라고 하면 내가 말도 안 된다며 얼른 나갈 준비 하라고 채근할 정도였다.

돈벌이는 들쭉날쭉이었다. 파지를 한 차 채워야 2~3만 원을 벌 수 있었는데, 밤에 몇 시간 일해서 파지 한 차를 채우기란 쉽지 않았다. 공치는 날도 많았지만, 운이 좋아 고철이라도 얻어걸리는 날에는 10만 원, 20만 원도 벌었다. 그때 우리들의 소원은 하나였다.

"매일 꾸준히 2만 원씩만 벌었으면 좋겠다."

보통 새벽 2시까지 일을 했는데 밤낮 가리지 않고 일하다 보니 매일 코피를 쏟았다. 한쪽 콧구멍을 막으면 다른 쪽 콧구멍으로 피가 나왔고, 양쪽을 다 막으면 입으로까지 나왔다. 그만큼 힘들었지만 짧은 시간 안에 고물에 대해 정말 많이 배울 수 있었다.

고물이 거래되는 루트며, 물건별 단가와 재질, 수익성에 대해 눈을 뜨기 시작했다.

 그보다 더 좋았던 점은 고물에 대해 알아가고 일을 익혀감에 따라 차츰 세상의 손가락질에 무뎌져갔다는 것이다. 더불어 오기도 생겼다. 그깟 손가락질 따위가 계란을 사주는 것도 아니고 라면을 사주는 것도 아니었다. 손가락질이 무서워 아무것도 못하다가 여차하면 손가락만 빨다 골로 갈 수도 있다. 혼자 골로 가는 것도 아니고 아내와 어머니까지 함께 골로 갈 수 있었다. 그렇게 골로 간다고 또 누가 알아주나? 그거야말로 등신 같은 꼴이라 생각했다. 더구나 나는 먹고살기 위해 사기를 치는 것도 아니고, 떳떳하게 노동을 하고 있는 것이었다.

 '이런 내가 무시당하고 손가락질 받아야 할 이유는 없으며, 아무도 나를 무시할 순 없다.'

 이것이 그때 내린 고물상 이석수의 실존적인 결단이었다.

고수에게
한 수 배우다

   고물 일과 철물점 일은 많이 달랐다. 하지만 그럼에도 불구하고 내가 힘든 고물상 일을 놓지 않고 계속할 수 있었던 것은 9개월 동안 장인어른과 부대끼면서 이미 힘든 상황에 많이 단련됐고 어느 정도 나 자신 스스로 거듭나 있었다는 이유가 클 것이다. 장인어른으로부터 받은 여러 가르침 또한 순간순간 내게 크기를 잴 수 없을 만큼의 큰 힘이 되었다.

   단언컨대, 내 인생의 가장 큰 스승님은 장인어른이시다. 이 책을 읽는 분들 역시 내가 그랬던 것처럼 새롭게 거듭나게 되셨으면 하는 바람으로, 여기서는 장인어른이 내게 주신 가르침들을 소개해볼까 한다.

"결과를 봐라! 힘든 건 과정일 뿐이다"

이건 장인어른께서 늘 내게 하셨던 말씀이자 누구나 다 아는 얘기이기도 하다. 하지만 이 얘기를 얼마나 자기 것으로 체화하면서 살아가고 있는지는 각자 반성해봐야 할 것이다. 결혼을 앞둔 나와 아내에게 낡아빠진 수동 기어 용달차를 내주시면서 장인어른께선 "힘들어야 튼튼해질 수 있다"고 얘기하셨다. 그리고 나는 다른 사람도 아닌 장인어른의 말씀이기에 그게 참되다는 걸 인정했고, 받아들였다.

장돌뱅이 맨주먹으로 시작한 장인어른께선 쉬운 일이 아닌, 굳이 어렵고 힘든 일을 골라 하셨기 때문에 인근 철물점을 죄다 사라지게 하고 당신의 예산 철물점만 남게 만드실 수 있었으며, 청양에서 손꼽을 정도의 부를 이루실 수 있었다.

이를테면 이런 식이다. 단순히 물건을 받아다가 파는 수준으로만 장사를 하지 않으셨던 장인어른은 전국 고물상을 돌아다니며 공사하고 버려진 재활용 가능한 물건들을 사서 그 물건을 튼튼하게 고치고 필요하면 페인트칠도 새로 해서 다시 파셨다. 새 물건 가격이 5천 원이면 당신이 손본 물건은 2~3천 원 정도에 파셨는데, 파실 때는 꼭 "내가 수리한 물건입니다"라고 말씀하셨다. 그런데 수리한 물건이 새 물건보다 훨씬 더 튼튼하고, 가격까지 싸다 보니 자연스레 손님들은 장인어른 물건을 살 수밖에 없었다.

　장인어른 입장에서는 고물상으로부터 몇 백 원에 사온 물건을 손봐서 2~3천 원에 파는 것이었으니, 제대로 장사가 되는 것이었다. 거기다 그 물건 하나만 파는 게 아니라 같은 종류의 물건들을 다량으로 팔다 보니 수익은 훨씬 커지게 된다.

　더욱 좋은 것은 손님들이 물건이 튼튼하다는 사실을 확인한 후에는 계속 장인어른 가게만 찾게 된다는 점이었다. 이런 식으로 장사한 결과 인근 철물점들은 다 사라졌고, 장인어른의 철물점만 남게 됐던 것이다.

　그런데 간단히 수리가 되는 물건도 있지만, 때로는 굉장히 힘든 과정을 요하는 물건들도 있다. 미제함석이 그랬었다. 농가에서 흔히 볼 수 있는 미제함석은 들어간 부분과 돌출된 부분이 일정 간격으로 나 있는데, 이러한 함석을 만드는 공장은 따로 있다. 하지만 장인어른은 고물상에서 거둬온 수입산 철로 만든 함석판들을 일일이 가위로 자르고, 그 자른 함석판들을 함석 마는 기계에 넣어서 들어간 부분과 돌출된 부분이 있는 미제함석으로 만드셨다. 철판을 자르는 일부터 만들어진 미제함석을 다시 쌓는 일까지, 이루 말할 수 없이 무척 고된 작업이었다. 하지만 그만큼 수익은 아주 높았다.

　그런 수익을 내는 데 결정적으로 기여한 것이 또한 함석 마는 기계였었는데, 그 기계를 만드신 분 역시 장인어른이셨다. 딱히 공학에 대해 배우신 적도 없으셨고 전문 지식이 있으신 것도 아니었지만, 장인어른께선 혼자 이리저리 머리 굴리고 공구상에 가 머릿속의 도면을 풀어놓으면서 공구상 사람들과 함께 기계를 만드셨다. 물론 굳이 그런 수고를 하지 않으셔도 됐다. 하지만 장인어른은 하셨고, 결국 수익성과 함께 소비자들의 높은 만족도까지 얻어낼 수 있으셨던 것이다.

"고객보다 먼저 고객이 원하는 바를 파악하고 충족시켜라"

장인어른은 늘 손님들이 무얼 필요로 하는지 궁리하셨는데, 때로는 손님들보다 먼저 손님들이 원하는 바를 알아채고 이를 적극적으로 제품화하셨다. 그 한 가지 예로 고추 말뚝 얘기를 해보겠다.

다들 알다시피 청양은 고추가 유명하기 때문에 장인어른이 사시는 동네와 그 근방에는 고추밭이 많다. 그런데 고추를 키우는 데 꼭 필요한 게 바로 고추 말뚝이다. 보통 철물점에서 파는 플라스틱 말뚝은 오래 쓰지 못하고, 얇은 철제 고추 말뚝은 쓰다 보면 휘어지기 십상이다. 당연히 농부들은 철물점에서 파는 일반 고추 말뚝에 불만을 갖고 있지만, 고추 말뚝이 다 그렇기에 그냥 그러려니 하는 것이다.

장인어른은 바로 그 점을 놓치지 않으셨고 새로운 고추 말뚝으로 하우스 파이프를 떠올렸다. 비닐하우스에 사용되는 하우스 파이프는 폭설이나 태풍으로 비닐하우스가 무너지면서 구부러지고 휘어진다. 장인어른은 그렇게 못 쓰게 된 하우스 파이프를 전국 각지의 고물상을 통해 거둬들이셨다. 다른 데 팔려나가지 않게 하려고 경량철인 하우스 파이프에 고철보다 더 높은 가격을 제시했으니, 하우스 파이프는 일제히 장인어른께 몰려들 수밖에 없었다. 그럼 휘어지고 구부러진 하우스 파이프를 롤 2개가 돌아가는 틈새에 넣어 쫘악 펴고, 펴진 하우스 파이프를 크기에 알맞게 자르는 것이다. 구기자 말뚝은 좀 짧게, 고추 말뚝은 좀 더 길게, 가지 말뚝은 더 길게 잘라 철물점에서 팔았는데, 농부들 사이에 엄청난 히트를 쳤고 당연히 장인어른은 돈을 꽤 버셨다.

"고추 말뚝이 너무 튼튼하면 나중에는 아무도 사러 오지 않을 수 있잖아요?"

누군가 이렇게 물을 수도 있다. 하지만 장인어른은 전혀 그런 걱정은 하지 않으셨다. 오히려 그 정도로 튼튼한 고추 말뚝을 사용하게 되면 좋지 않겠냐고, 그럼 판매자인 당신 역시 뿌듯하니 즐거울 거라고 하셨다. 더 이상 고추 말뚝이 팔리지 않는다는 것은 전국의 농가에 당신의 고추 말뚝이 꽂혀 있는 것이니 그보다 좋은 일이 어디 있겠냐고 생각하셨던 것이다.

 스티로폼으로 만든 작업용 방석 쿠션도 장인어른의 작품이었는데, 여기저기 버려진 스티로폼을 가져다가 엉덩이 모양으로 동그랗게 자르고 천을 씌우면 작업용 방석 쿠션이 됐다. 그렇게 만들어진 방석 쿠션을 고추 농사 작업을 할 때 끈으로 묶어 달고 다니며 사용하면 엉거주춤 쪼그리고 일하지 않게 돼 건강에도 좋고 작업 능률도 높이는 효과가 있다. 당연히 인기가 좋았고 한동안 많이 팔렸는데, 어떤 업체에서 재빨리 특허를 내는 바람에 장인어른은 아까운 발명품을 돈 한 푼 못 받고 남에게 넘겨주게 되었다.

 아쉬운 일이긴 했지만, 특허가 뭔지도 모르시는 장인어른께서 어느 정도로 소비자들의 원하는 바에 관심을 기울이셨는지 충분히 증명하고도 남는 일화라고 하겠다.

"갑과 을은 정해져 있지 않다"

 장인어른은 쇼맨십도 남다르셨는데, 일부러 기선제압을 하기 위해서나 상대방을 바짝 긴장시키기 위해서 그 큰 목청으로 오버 액션을 하시고는 했다. 처음에는 깜짝깜짝 놀라기도 했고, 왜 저러실까? 싶기도 했지만, 시간이 지나면서 그게 다 장인어른만의 노하우이며 계산된 방식이었음을 알게 되었다.

그 쇼맨십을 통해 장인어른은 갑과 을의 관계를 역전시키고는 하셨는데, 장인어른의 지론은 갑과 을은 정해져 있지 않다는 거였다. 그래서 꼭 필요한 물건을 갖고 있는 고물상이 절대 그 물건을 못 판다고 하면 으레 큰 목소리로 이렇게 응수하셨다.

"여기 있는 물건들 싹 다 내가 사겠소."

그럼 상대는 아버님을 달리 보게 된다. 즉 그 정도로 많은 물건을 사들이고 거래하는 큰 장사꾼으로 생각하게 되고, 자연히 그 순간부터는 장인어른이 갑이 되는 것이다. 그렇게 해서 아버님은 당신이 원하는 물건을 기어코 사고 말았고, 원하는 거래처와 거래 관계를 맺으셨다.

철물점을 찾는 손님들과의 관계도 마찬가지였다. 손님을 무조건적인 갑이라고 생각하지 않으셨던 장인어른은 좋은 물건을 다량 갖추고 사후 서비스 또한 제공함으로써 당신의 철물점을 찾지 않고는 못 배기게 만드셨다. 그 결과 장인어른은 손님과의 관계에서 결국 갑이 되셨다.

또한, 고객들 하나하나에 대한 정보를 꿰고 계셨기 때문에 큰 물건 사는 손님이라고 무조건 갑으로 대우하며 휘둘리지도 않으셨다. 즉 모터를 사러온 뜨내기손님보다는 호미를 사러온 단골에게 더 정성을 다하셨으니, 다소 계산적으로 보일 수도 있겠지만, 장사를 하는 사람에게는 필요한 면이라고 생각된다.

"당당한 장사꾼이 되자"

장인어른께서 끊임없이 손님들의 원하는 바를 파악하고, 힘든 과정을 거쳐 좋은 물건을 만들어냈던 궁극적인 이유는 당당한 장사꾼이고 싶다는 목표 때문이었다. 떼돈 버는 것도 좋지만, 장사꾼이 가장 즐거울 때는 고객이 만족하는 순간이라는 게 장인어른의 생각이셨다. 고객을 만족하게 했으니 장인어른은 늘 자신감에 넘치셨고 당당하셨으며, 그랬기에 계속 힘든 과정을 이겨내면서 더 좋은 물건을 손님들께 제공하려 애쓰실 수 있었던 것이다. 이것이야말로 선순환 장사꾼 마인드가 아닐까?

요즘도 나는 자주 장인어른을 떠올리며 내가 얼마나 당당한 장사꾼인지 생각하고는 하는데, 매번 결론은 아직도 멀었다는 것이다. 하늘나라에 계신 장인어른을 흡족하게 해드리려면, 난 지금 이 순간 고객을 위해 최고이자 최선의 노력을 다하는 장사꾼이어야 한다. 그렇게 되기 위해 바로 지금 이 순간 더 노력해야 하는 것이다.

4

3평 고물상의 기적

지치든지,
미치든지

　일을 배워감에 따라 고물상의 문제점에 대해서도 알게 됐는데, 가장 큰 문제는 고물에 대한 정보가 워낙 공개되지 않아서 부르는 게 값일 수 있다는 점이었다.

　이건 우리가 직접 경험한 일이기도 하다. 초창기에 아내와 나는 고물이 팔리는 루트며 단가 등을 알고자 안성 이외 다른 지역들을 돌아다니며 고물들을 줍고 그 지역 고물상에 그 물건들을 팔고는 했었다. 그러던 어느 날이었다. 한 고물상이 쓰윽 우리 물건을 훑어보고 이렇게 말하는 것이었다.

　"이거 돈 안 되는 물건이에요. 그냥 가져가시든지, 뭐 가져가기 힘드시면 내려놓고 가시든지요."

하지만 우리는 그때 이미 생초짜 고물상 수준은 넘어서 있던 터라 그 물건이 돈 되는 물건이라는 것을 알고 있었다. 어떻게 저런 말을 할 수 있을까 놀라웠다. 그 말을 들은 보통 사람들은 돈 안 되고 무겁기만 한 물건이라며 그냥 내려놓고 갈 수도 있는 일이었다. 그 일을 겪으면서 나는 절대 그 고물상처럼 장사하지는 않겠다고 결심했다.

그렇게 어느 정도 고물에 대해 알게 되고 고물상으로서의 포부도 갖게 된 나는 ○○자원을 나왔고, 바야흐로 어디 소속이 아닌 내 이름을 내건 고물상이 되었다. 아내도 본격적으로 일을 돕기 시작했는데, 우리는 특별한 방법은 아니지만 참 재미있는 방식으로 영업을 뛰었으니, 공판장이나 마트, 편의점 가까이에 가만 서 있다가 박스나 고물이 나오면 얼른 가서 크게 "고맙습니다!" 인사하고 용달차에 싣는 식이었다. 사장님들이나 점원들은 젊고 멀쩡하게 생긴 사람들이 왜 이런 일을 할까 처음에는 뜨악해했지만, 이내 재미있어했고, 또 좋아해주었다. 그때는 전문적으로 고물을 수거해 가는 사람이 없었기 때문에 미화원들이 가져갈 때까지 박스나 고물들을 쌓아둬야 했는데, 우리의 등장으로 그럴 필요가 없어졌으니 당연히 좋아할 만했다.

수많은 고물상 중에 '고물상 이석수'를 인식시켜주기 위해 명함도 팠고 스티커도 만들었다.

'고물상 이석수 H.P 000-000-0000'

달랑 이름과 휴대폰 번호만 찍힌 명함과 스티커였지만, 당시 1톤 트럭 고물상 중에 명함 있는 고물상은 나밖에 없었다는 점에서 명함과 스티커를 통해 나는 아주 특별하고도 자신감 넘치는 고물상이 되었다. 어디를 가든 명함을 돌렸고, 눈에 띄는 곳에 스티커를 붙였다. 명함을 받고 스티커를 본 사람 중에 한 사람만이라도 연락을 해주면 그걸로 족하다고 여겼다. 그 한 사람에게 확실하게 일 잘하는 모습만 보여준다면, 그 한 사람이 또 다른 고객을 소개해줄 수도 있고, 그렇게 계속 연결되면 나의 고객들은 무한대로 늘어갈 거라 기대했다.

문제는 확실하게 일을 해주어야 한다는 건데, 그 점은 염려가 없었다. 일단 나는 뒤처리가 매우 깔끔했기 때문이었다. 이는 어머니의 영향일 수도 있는데, 내 어머니는 비질을 너무 자주 해 앞마당의 흙을 파다 못해 땅을 내려앉게 할 정도로 깔끔하셨다. 그런 어머니를 보고 자라선지 난 내가 지나간 자리가 지저분한 꼴을 못 본다. 자연히 고물을 싣고 난 자리 역시 처음부터 아무것도 없었다고 생각될 정도로 깔끔하게 해놓아야 직성이 풀렸고, 고객 입장에서는 고물도 가져갈뿐더러 깨끗하게 청소도 해놓으니 다들 우릴 좋아할 수밖에 없었다.

깔끔한 청소를 위해 쓰레기 봉지 값이 추가로 들어가긴 했는데, 그건 우리가 부담해야 할 몫으로 여겼다. 처음에는 쓰레기 봉지가 터지지 않게 담는 것도 익숙지 않았지만, 나중에는 요령이 생겨 봉지 끝을 테이프로 마무리 지음으로써 봉지 용량을 초과할 정도로 가득 쓰레기를 담게 되었다. 어찌나 쓰레기 봉지 하나당 많이 담았는지, 당시 안성시 환경미화원들 모두가 나를 알게 되었고 급기야 어느 날은 시설관리공단 직원이 찾아왔다.

"사정이 딱한 건 알겠는데요. 사람이 들 수 있게는 담아야죠. 미화원들이 쓰레기 봉지 들기를 힘들어해요."

"쓰레기 봉지 한 장이면 밥 한 끼예요. 다 아시면서."

그렇게 좋게좋게 애교를 부리며 시설관리공단 직원을 돌려보내기도 했었다.

1년 가까이 그런 식으로 일하자 다른 공판장이며 마트들을 소개받기 시작했는데, 그때 소개받은 마트만 일곱 군데였으니 일이 굉장히 늘어난 셈이었다.

물론 그렇게 되기까지 육체적으로 많이 힘들었다. 손이 퉁퉁 부어 장갑이 안 들어가는 건 약과였다. 지금 내 손을 보면 상처가 꽤 많은데, 모두 일하면서 얻은 영광의 흔적들이다. 고물을 만지다 보면 장갑을 꼈어도 어느 틈에 살이 베이기 마련인데, 그렇다고 일을 멈출 수는 없기에 검은 테이프로 둥둥 감고 계속 일을 하고, 청소까지 다 마치고 나서야 약국이나 병원에 갔었다. 내 팔목을 보면 뼈가 툭 튀어나온 부분이 있는데, 이 또한 일하다가 그리된 거다. 작업 도중 견딜 수 없이 팔목이 아파 겨우겨우 일을 마치고 병원을 찾았더니, 의사가 기막힌 표정으로 날 쳐다보았다.

"뼈가 부러졌는데 다시 붙고 있네요."

뼈가 부러졌는지도 모른 채 계속 일을 할 정도로 그때는 정말 일에 미쳐 있었다.

하지만 온전히 주변의 시선으로부터 자유로워진 건 아니었다. 뭐라고 말을 하지는 않지만, 우리를 불쌍하게 바라보는 시선들, 대놓고 무시하는 것보다 불쌍하게 바라보는 그 시선들이 더 감당하기 힘든 것이었다. 물론 대놓고 무시도 많이 당했다.

다 지난 옛일이지만 이런 일도 있었다. 오토바이 센터 사장이었던 친구가 고물이 있다며 부르기에 갔더니, 친구는 다른 사람들과 술을 마시고 있었다.

"여기 술병들 가져가. 대신 커피 시켰으니까 커피 값 네가 계산해라."

그날 가져간 술병들이 다 합쳐서 1700원어치였고, 그때 내가 계산한 커피 값은 8천 원이었다. 남들 눈에는 바보 같아 보였을 수도 있지만, 난 아무 말 않고 커피 값을 계산했고 공병들을 가져갔다. 그럴 수 있었던 이유는, 난 그 친구의 행동을 내가 무시당한 걸로 받아들이지 않았기 때문이었다.

'어쨌든 나한테 일을 준 거니까. 이 일을 계기로 이 친구가 내게 다른 일들을 주게 될 수도 있으니까. 그럼 오늘 내 모습은 영원한 내 모습이 아니게 되는 거니까. 그렇게 되도록, 지금 내 모습이 전부가 아니란 걸 보여주고 말 거야.'

그렇게 다짐하며 1년 넘게 꾸준히 일하는 모습을 보여주자 동네 사람들과 친구들의 시선이 조금씩 달라졌고, 어느 순간 더이상 우리를 불쌍한 시선으로 보지 않게 되었다. 그 후 동네 한가운데 우리 공장이 세워지고, 공장 진입로가 작아 트럭이 들어오다 돌담이 무너지는 사고 등이 일어났음에도 단 한 번도 주민들로부터 불만 섞인 얘기를 듣지 않을 수 있었던 건 아마 제대로 고물 가격 쳐주며 건실하게 일할 뿐만 아니라 뒤처리 청소까지 말끔하게 해줬기 때문이었을 것이다. 우리는 그렇게 차근차근 동네 주민들의 신임을 얻어갔다.

어쨌거나 그때부터 나는 동네 청소부를 겸해서 동네에서 나오는 모든 고물을 수거하게 되었고, 일손이 부족해지자 마음 못잡고 방황하고 있던 동생을 고물상 일에 끌어들였다. 그딴 일하기 싫다는 동생을 꾀기 위해 "형 힘들어 죽을 거 같아. 너 없으면 안 돼. 하루만 딱 도와주라" 같은 엄살도 자주 피웠고, 나중에는 우유 배달을 하던 내 친구 또한 내 설득에 넘어가 함께 일하게 되었다. 앞서 말했던 오토바이 센터 사장 친구 역시 현재 석수자원 식구로 나의 든든한 동지가 되어 있으니, 이제 과거의 일은 재미난 추억거리가 된 셈이다. 그러니 친구야, 나쁜 감정이 남아 있어 이 책에 너의 얘기 쓴 게 아니라는 거 알아줄 거지?

3평 작업장과
1톤 장사 넘어서기

깔끔하게 성실하게 일한 것 외에 우리가 많은 거래처를 소개받을 수 있었던 또 다른 이유가 있다. 그건 3~5만 원 하루 일당 벌이를 하면 그걸로 만족하고 그날 일을 접는 다른 1톤 고물상들과 달리, 우리는 계속 일을 해나갔다는 점이었다. 주변 분들은 그 모습을 통해 그만큼 많은 일을 감당할 수 있는 고물상으로 우리를 판단했고, 많은 거래처를 소개해주었다. 일이 많아지자 장인어른께서 사주셨던 아내의 소형차를 팔고 대신 중고 2.5톤 화물차를 샀고, 365일 매일 수연상회에 물건들을 팔러 갔었다.

"내가 석수 너 때문에 하루도 안 빼고 가게 문을 열어."

물건들을 잔뜩 싣고 온 나를 보며 수연상회 김영수 사장님께서 껄껄 웃음을 지으셨다.

　매일 수연상회에 물건을 팔더라도 매일매일 모이는 고물의 양이 많아지다 보니 고물을 쌓아두고 분리할 공간이 따로 필요하게 되었다. 지금도 그렇지만 트럭에 이것저것 고물들이 뒤섞인 채로 그대로 팔수도 있다. 하지만 제대로 값을 받자면 품목별로 고물들을 따로따로 분리해서 팔아야 하고, 그러자면 분리작업을 위한 공간이 필요하다. 그래서 생각해낸 게 배나무 베기였다.
"큰형, 배나무 네 그루만 벱시다."
　지금도 어머니가 살고 계신 우리 집은 아버지가 돌아가시면서 큰 형 명의로 돌려지게 된 1400평가량의 과수원 부지 한쪽 구석에 있는데, 그 과수원 땅을 사촌 형이 빌려 배나무 과수원으로 사용하고 있었다.
　형의 허락 하에 집 앞 배나무 네 그루를 베어 만든, 3평 정도 되는 그 작은 땅이 우리들의 첫 번째 작업장이었다. 아내와 나는 시간 가는 줄도 모르고 그날 주운 고물들을 분리했는데, 자정을 기본으로 해서 종종 새벽녘까지 분리작업이 이어졌다.

"한번 찾아오라고 몇 번 연락 했는데, 왜 안 와? 나이 든 사람을 꼭 오게 해야겠어?"
　OO자원 사장님께서 어느 날 불쑥 집으로 찾아오셨다.

OO자원을 관둔 뒤로 사장님은 물론 사모님까지 휴대폰으로 집 전화로 몇 번이고 전화를 걸어 다시 나와 일해달라고 청하셨다. 그때마다 나와 아내는 죄송하다면서 거절했었고, 한번 찾아오라는 말씀에도 그때까지 한 번도 찾아가질 않고 있었던 것이다. 어쨌건 그날 OO자원 사장님께서 찾아오신 목적은 내게 일을 주시기 위함이었다.

"내 밑으로 들어와 일하라는 거 아니야. 석수 네가 이제 내 밑에서 일할 사람 아닌 거 나도 잘 알지. 아파트 세 곳 재활용품 수거일 줄 테니 맡아서 해봐."

"…괜찮습니다."

어찌 됐건 OO자원 싫다며 관두고 나온 내가 OO자원 사장님께 도움을 받는다는 게 아무래도 내키지 않았다. 하지만 끝까지 내게 아파트 일을 맡기려 하신 걸 보면 OO자원 사장님께서 날 좋게 보신 건 확실했다.

"네가 야무지게 일하는 거 아니까 일 주는 거야. 맡아서 해."

"아파트 일 한다 해도 사장님께 물건 대줄지는 저도 잘 모르겠어요."

이 대화의 의미가 선뜻 와 닿지 않는 분들을 위해 이해를 돕도록 고물상에 대해 잠시 설명해보겠다. 도매상과 소매상이 있는 것처럼 고물상에도 단계가 있는데, '소상-중상-압축장-대상'

순이다. 흔히 동네에서 마주치게 되는 리어카 고물상이나 1톤 트럭 고물상이, 모은 고물들을 팔기 위해 가는 곳이 소상이다. ○○자원도 소상이었는데, 물론 소상도 직접 고물들을 수거한다. 하지만 리어카 고물상이나 1톤 트럭 고물상이 가져온 고물들을 사서 다시 그 고물들을 중상에 되팔면서 그 차액으로 장사를 하기도 한다. 그렇기 때문에 소상 입장에서는 거래처 개념으로 꾸준히 물건들을 대주는 리어카나 1톤 트럭 고물상을 확보해둘 필요가 있다.

○○자원 사장님이 내게 아파트 세 곳의 재활용품 수거 일을 주시겠다는 것도 그런 의미였다. 그리고 나는 아파트 일을 하면서 수거하게 되는 고물들을 ○○자원이 아닌 다른 소상에 팔지도 모른다는 식으로 대꾸한 것이었는데, 당시에 이미 단골 거래처가 된 소상들도 있었기 때문에 그리 말했던 거였다.

"그건 네 맘대로 해. 어차피 내가 그 아파트 일을 할 수도 없는 노릇이니까. 대충 일하는 녀석들한테 맡기느니 너한테 맡기면 좋지 뭐."

비록 싫다며 관두고 나간 나였지만 성실하게 일 잘한다는 소문과 자신 밑에서 처음 고물상 일을 배웠다는 인연으로 일을 소개해주시는 거였다.

그렇게 ○○자원 사장님 도움으로 시작하게 된 아파트 일은 지금껏 계속되고 있다. 그때와 달리 지금은 입찰이라는 투명한 과정과 엄격한 기준을 거쳐야만 아파트 일을 맡을 수 있는데, 일 잘하고 다른 고물상보다 높은 단가를 제시하기 때문인지 처음 맺은 인연을 10년 넘게 이어가고 있는 셈이다.

그리고 그 무렵부터 나는 1톤 트럭 고물상으로 장사를 하기 시작했다. 수연상회 사장님의 조언 덕택이었다.

"단순히 일만 열심히 해서는 자리 잡기 힘들어. 돈을 좀 벌었다 싶으면 그 돈으로 물건을 사러 다녀. 그래야 빨리 자리 잡을 수 있어."

그때부터 틈만 나면 트럭을 몰고 다니면서 리어카 고물상이나 1톤 트럭 고물상들이 모아놓은 고물들을 샀는데, 단가도 다른 소상들보다 좀 더 잘 쳐주고 직접 와서 물건들을 가져가니 다들 우리를 좋아했다. 그때는 짐칸 한쪽에만 베니어합판을 두르고 다니는 걸로 우리 트럭이라는 표시를 했는데, 어느새 이를 알아본 고물상들이 짐칸 한쪽에만 베니어합판을 댄 우리 화물차가 나타나면 일제히 달려 나와 "이리 와요!"하고 소리치는 진풍경이 펼쳐지기도 했다.

그렇게 고물들을 사면 한 차당 만 원 정도의 수익이 났다. 남들에게는 우스운 돈일지 몰라도 우리에게는 큰돈이었다. 더욱이 만 원이 그 한 번의 만 원으로 끝나지 않으리라는 걸 알기에 더 소중했다. 한 번의 만 원 수익을 우리에게 제공한 고물상과 계속 거래를 할 터이니, 그 한 번의 만 원 수익은 앞으로 열 번 혹은 백 번의 만 원이 주어지리라는 걸 의미했기 때문이었다. 그만큼 소중하고 놓칠 수 없는 만 원인 셈이었다.

일이 기하급수적으로 늘어나면서 뼈저리게 깨달은 점은 건강의 중요성이었다. 모든 일이 그렇겠지만, 건강이 받쳐주지 않으면 애써 쌓아온 게 순식간에 말짱 도루묵이 되어버리기 십상이다. 그 사실을 나는 아주 커다란 훈장과 함께 새삼 깨닫게 되었다.

어느 날 친구가 용달차를 빌려 갔는데, 다음 날 아침 일찍 작업 스케줄이 잡혀 있던 나는 밤에 차를 갖다놓기로 한 친구로부터 계속 소식이 없자 한밤중에 전화를 걸었다.

"내일 아침에 갖다 줄게."

친구는 술을 먹고 있다며 혀 꼬부라진 소리를 했다. 내일 아침에 갖다 주겠다는 그 말을 도무지 믿을 수 없었던 나는 결국 한밤중에 고물 자전거를 몰고 집을 나섰다.

'얼른 차 가져다 놓고 내일 아침 일찍 일 나가야지.'

그런 생각을 하고 있는데 순간 바닥이 푹 꺼지는가 싶더니 이내 내 몸이 자전거에서 붕 떠올랐고, 다음 순간 맨홀 턱에 내 턱이 강하게 부딪히면서 그대로 정신을 잃었다. 의식을 차렸을 때 나는 열린 맨홀 뚜껑 밑 지하에 쓰러져 있었다. 정신이 가물가물했고, 이대로 죽는구나 싶었는데, 그때 떠오른 게 아내와 아내의 배 속에 있는 우리 아이였다. 당시 아내는 임신 7개월이었다. 이대로 죽을 수는 없다는 신념으로 2시간의 사투 끝에 맨홀에서 기어 나왔고, 피가 철철 나는 몸으로 새벽녘 보도블록 위를 1시간여 기어 안성 성모병원으로 갔다. 내 상태를 본 의사가 큰 병원으로 옮겨야 한다고 했지만, 문제는 내 몸을 옮겨줄 앰뷸런스가 없다는 점이었다. 겨우 전화로 아내를 불렀고, 2.5톤 트럭을 몰고 온 아내가 나를 천안 단대병원까지 실어주었다.

"미안해."

"괜찮아."

단대병원으로 가는 트럭 안에서 나와 아내가 주고받았던 대화였다.

그때 치아 12개가 나갔고, 수술을 집도한 의사는 3개월을 입원해야 한다고 했다. 하지만 15일 입원을 끝으로 나는 퇴원을 결정했다. 이미 보름 동안의 입원으로 거래처가 많이 떨어져나간 상태였다. 급한 대로 동생이 나 대신 일을 해나갔지만, 한계가 있었고, 더 길게 입원을 했다가는 돌이킬 수 없는 상황이 될 게 뻔했다. 퇴원과 동시에 보정기 낀 입을 마스크로 가린 채 일을 나갔다.

 지금도 내 턱에는 수술한 흉터가 있고, 신경을 건드릴 수 있다는 이유로 수술을 못 한 관자놀이의 상처는 찢긴 그대로 흉터가 되었다. 다행히 열심히 일한 덕분에 그 흉터는 흉터뿐인 상처로 남지 않게 되었고 차츰 훈장이 되어갔으니, 바야흐로 내 이름을 내건 회사를 차리게 될 시점이 가까워지고 있었던 것이다. 큼지막한 훈장을 달고 그렇게 나는 1톤 장사를 완전히 넘어서고 있었다.

최고의 고물상
스승을 만나다

고물상 일을 시작한 지 3년이 지나자 난 썩 괜찮은 고물상이 될 수 있었다. 다른 고물상들과 비교하면 단기간에 빠른 속도로 성장을 한 것인데, 따져보면 나 혼자 힘으로 그렇게 된 것은 아니다. 앞서 언급한 것처럼, 사전에 이미 장인어른으로부터 혹독한 훈련을 받은 덕택에 그만큼 어려움에 대한 내공을 갖게 됐고, 그래서 힘든 고비도 잘 넘길 수 있었다.

그런데 내공을 갖고 있는 것과 실전에서 그때그때 일어나는 문제들을 처리하는 능력은 또 별개인 측면이 있다. 처음 고물상 일을 시작할 때 당혹스러웠던 이유가 바로 그 때문이었다. 더욱이 고물상은 노하우를 굉장히 필요로 하는 전문직이다. 고물상 일을 단순 노동이라고 생각하시는 분도 많이 계시는데, 전문직이자 아는 만큼 버는 직업이 고물상이다.

　철물점 일을 배운 게 다인 나는 당연히 고물상에는 문외한이었고, 뭐가 뭔지 도통 알 수가 없었다. 그런 내가 3년 만에 제대로 된 고물상으로 자리 잡게 된 데에는 수연상회 김영수 사장님의 도움이 컸다. 사장님 밑에서 직접 일을 배워본 적은 없다. 하지만 직접 고물을 줍고 사고팔기 시작하면서부터 수연상회와 거래를 했으니, 고물상 인생 시작과 더불어 김영수 사장님을 가까이에서 뵌 셈이다.

　여기서는 1년 365일 수연상회를 오고 가면서 사장님으로부터 받은 많은 가르침 중에 고물상에 국한되지 않는, 일반적이고 원칙적인 가르침들을 소개할까 한다. 그 이유는 이 책을 읽으시는 독자분들 대다수가 고물상은 아닐 거라 생각하기 때문이다.

"사람들이 당신을 기억하게끔 만들라"

　명함을 만들게 된 것 역시 김영수 사장님의 조언 덕분이었다.

　"남들이 기억할 수 있게끔 너만의 특별한 점을 만들어. 명함이 있으면 누구든 널 좀 더 쉽게 기억할 테고, 널 쉽게 찾을 수 있을 거야."

　정확히는 모르겠지만, 사장님께선 나 이외에 다른 1톤 트럭 고물상들에게도 이런 말씀을 하셨을 것이다. 그런데 당시 1톤 고물상들 가운데 명함을 만든 사람은 나밖에 없었다. 왜 다른 분들은 명함을 만들지 않았을까? 이런저런 이유들을 추측할 수 있겠다.

먼저, 고물상을 대수롭지 않은 직업으로 생각해서? 그러니까 고물상은 명함까지 갖추고 있을 만한 직업은 아니라고 생각해서 명함을 만들지 않았을지도 모른다. 그 당시에는 지금과 달리 고물상이 익히 봐온 직업도 아니고 천대받던 직업이라 그리 생각했을 수도 있다. 그럼에도 난 이 이유에 동의할 수가 없다. 고물상이 자신의 직업이라면, 고물상 일을 통해 내가 먹고살 수 있는 거라면, 고물상이라는 직업은 굉장히 소중한 것이다. 고물상이란 직종이 하늘 아래 있음에 감사해야 한다. 그러니 당연히 '고물상 아무개'라고 찍힌 명함을 당당히 들고 다니고, 만나는 사람마다 건넬 수 있어야 하는 것이다.

다음으로, 그깟 명함 한 장으로 뭐가 그리 달라지겠느냐고 생각했을 수도 있다. 하지만 그건 아무 시도도 안 하면서 성공하길 바라는 것과 같다고 본다. 또한, 인생의 가능성이나 변수, 혹은 기회를 너무 좁게 생각한 것이기도 하다. 인생은 무수한 변수와 사람들과의 관계 속에 얽혀 있기 때문에 언제 어디서 기회가 올지 모른다. 그러니 그 기회가 내게 오게끔 그 무수한 변수와 사람들의 관계 속에 나를 소개할 필요가 있으며, 가능한 한 많이 소개하는 게 좋다.

 그 소개 방법으로 명함을 선택한 나는 만나는 모든 사람에게 명함을 건넸다. 그 명함 중 더러는 별스럽지 않게 여겨져 버려졌을 수도 있고, 책상 서랍 귀퉁이에 처박혔을 수도 있다. 그런데 살다 보면 쓰던 물건을 버릴 일이 언젠가는 생긴다. 그럴 때 잊고 있었던 나의 명함이 떠오를 수 있다. 굳이 내 명함을 받은 사람이 아니더라도, 그 사람의 아는 사람이 쓰던 물건을 버릴 일이 생길 수도 있는 것이다. 그때 내 명함을 받은 사람이 책상 서랍에서 내 명함을 꺼내 건네줄 수도, 명함에 적힌 내 전화번호를 알려줄 수도 있다. 백 장의 명함을 뿌려서 한 사람만이라도 명함을 보고 연락을 해오면, 그것에 감사해야 한다.

 그리고 맡긴 일을 최선을 다해 처리해야 한다. 그럼 그 사람은 나를 더 확실히 기억하고, 또 다른 사람에게 나를 소개해줄 수 있다. 즉 명함 이외에 특별하게 날 기억되게끔 만드는 방법이 바로 최선을 다해 일하는 것이란 얘기다. 너무 당연한 얘기라고? 하지만 매번 모든 상황에서 최선을 다하기란 말처럼 쉬운 일이 아니다.

 이미 말한 바 있듯이, 나는 원체 뒤처리가 깔끔하다. 그런데 고물상 일을 하면서 더욱 뒤처리에 신경을 썼다. 누군가 뒷마당에

쌓여 있는 고물들을 가져가라고 하면, 그 고물들을 가져가는 것은 물론 뒷마당 청소까지 아예 싹 다 해놓고 자리를 떴다. 일을 시킨 사람이 당장 거기에 없어도 그렇게 했다. 그 사람은 분명 고물을 가져갔는지 확인하러 뒷마당에 올 것이고, 깨끗해진 뒷마당을 보고 나를 아주 일을 잘하는 사람이자 좋은 사람으로 생각하게 될 것이다. 그럼 그 사람은 수많은 고물상 중에 날 특별한 고물상으로 생각하고 다시 연락을 주거나 아는 사람에게 나를 소개해줄 가능성이 아주 높아진다.

초기에 거의 마진 없이 일했던 것도 나를 특별하게 기억되게끔 만들기 위한 전략 중 하나였다. 깔끔하게 작업하는 데다 다른 고물상보다 더 높은 가격을 쳐주니, 누군들 나를 특별한 고물상으로 기억하지 않겠는가. 초반 3년 동안은 그래서 돈을 많이 못 벌긴 했다. 하지만 여기저기서 거래처를 소개해주는 바람에 어떤 고물상보다도 일을 더 많이 하게 됐고, 3년이 지나면서 결국 각각의 마진은 적지만 일이 많다 보니 총 수익은 많아지게 되었다.

"장사도 정확하게, 신용 있게 해야 한다"

고물들을 팔기 위해 수연상회를 오가기 시작할 무렵 나는 사장님께 꽤나 여러 번 혼이 났다. 그런데 그 혼나는 일들 대부분이 내 딴에는 별 대수롭지 않게 여긴 일들이었다. 이를테면, '빨리 가서 다시 일 시작해야지'라는 마음으로 싣고 온 고물들을 트럭에서 급하게 내리고 가버리는 경우다. 그럴 때는 어김없이 사장님께서 호통을 치셨다.

"물건 내릴 때 제대로 정리해서 내려놓고 가. 네가 안 하고 가면 내가 해야 해. 왜 다른 사람을 수고롭게 만들어?"

물건을 파는 사람 입장에서는 별일 아닐 수 있지만, 그 물건을 사는 사람 입장에서는 분명 수고로운 일이다. 그리고 그 별일 아닌 일로 상대방에게 안 좋은 인상, 즉 남 신경 안 쓰고 자기밖에 모르는 인간이라는 이미지를 줄 수도 있다. 그런데 한 번 나쁜 이미지가 심어지면 그 이미지가 쉽게 바뀌지 않는다는 게 가장 큰 문제다. 자기밖에 모르는 인간이라는 이미지는 상대방에게 가능한 한 피하는 게 상책인 사람, 결국 믿음이 안 가는 사람이라는 인식을 심어주고, 그럼 더 이상 관계는 지속되기 힘들어진다.

사장님께서 늘 하시는 말씀 중에 하나가 "장사할 때 서로 서운함을 주지 말자"이다. 다시 말해, 내가 상대에게 서운함을 줘서도 안 되며, 상대가 나에게 서운함을 줘서도 안 된다는 얘기다.

그래선지 사장님께선 제대로 된 물건을 가져오지 않으면, 예를 들어 재활용되는 종이가 아닌 다른 종이가 끼어 있으면 냉정하게 감량을 하겠다고 말씀하신다. 만약 상대가 이를 거부하면 그 파지는 안 받아버린다.

"당신이 날 속인다는 건, 그만큼 나더러 손해를 보라는 뜻이야. 당신도 나도 다 같이 벌어 먹고살아야 하는 사람들인데, 왜 그런 부당한 짓을 아무렇지 않게 해?"

이게 사장님의 논리다. 그에 반해 제대로 된 물건들을 잘 정리해서 가져오면, 사장님께선 칭찬을 아끼지 않으신다.

그런 사장님께 초기에 많이 단련된 덕분에 나는 어디를 가든 제대로 된 물건을 가져온다는 소리를 듣게 되었다. 당연히 나의 신용도는 높아질 수밖에 없었고, 그런 이유로 어려울 때 많은 거래처 사장님들로부터 도움도 받을 수 있었다.

세월이 흘러 예전에 수연상회에 물건을 팔았다면, 지금은 우리 석수자원이 수연상회로부터 물건을 사온다. 하지만 아무나 수연상회 물건을 살 수 있는 건 아니다. 사장님께서 당신의 물건을 사 갈 상대가 정확한 사람인지 신용 있는 사람인지를 판단하시고 물건을 내주시기 때문이다. 결국, 우리 석수자원이 다른 고물상보다 더 단가도 높고 더 정확하게 일을 하기 때문에 수연상회 물건을 살 수 있는 것이고, 그런 이유로 나는 수연상회 물건을 사 간다는 데 자부심을 갖고 있다. 이 또한 다 사장님의 가르침 덕분이다.

나를 담보로
또 한 번의 모험을 감행하다

장인어른께선 아내와 내가 결혼하고 3년 넘게 투병 생활을 이어가시다 2004년에 유명을 달리하셨다. 그때 나는 1톤 장사는 넘어섰지만 아직 제대로 자리를 잡지는 못한 상태로, 일거리는 많아졌지만 돈은 별반 모으지 못하고 있는 처지였다. 아프신 장인어른을 떠올리면서 하루라도 빨리 기반을 잡고자 늘 노력했는데, 공장 세우는 모습을 못 보여드린 게 못내 아쉽다. 그나마 매일매일 조금씩이라도 나아지고 있는 모습은 보여드린 것 같아 그 점은 다행스럽게 생각한다.

장인어른께서 마지막으로 우리 집에 오신 건 지금 열두 살인 우리 첫째 도윤이의 백일 때였다.

"너희가 이 땅을 사야 하는데…."

우리 집이 자리한 언덕 자락에 오르셔서 과수원 땅을 내려다보며 장인어른께서 말씀하셨다.

그때는 참 꿈같은 얘기처럼 들렸었다. 1400평의 땅을 내가 어찌 산단 말인가.

설상가상 장인어른께서 돌아가시고 얼마 못 가 우리는 거리로 나앉을 위기에 처하게 되었다.

나름 본격적인 고물장수로 막 자리를 잡아가던 시기였다. 일이 너무 늘어나 배나무 네 그루를 베어 마련한 공간으로는 도저히 작업을 감당할 수 없게 됐을 때, 마침 알고 지내던 고물상 **자원 사장님께서 자신이 놀리고 있는 땅이 있으니 그 땅을 월세로 사용하라는 제안을 해오셨다. 그 사장님은 대기업을 거래처로 잡으면서 크게 땅을 샀는데, 당시의 작업 물량에 비해 땅이 너무 넓어 일부를 사용하지 못하고 계셨던 것이다.

비록 다른 사람의 땅이지만 정식으로 돈을 치르고 계약한 나만의 작업장이 생겼다는 사실에 난 흥분했고, 임대한 땅에 고물상 건물을 짓는다는 심정으로 정성껏 공간을 꾸몄다. 함석을 구해 울타리며 창고를 만들었고, 컨테이너를 사무실 겸 생활공간으로 썼다. 그때 직원은 나와 내 동생 석하, 내 친구 희덕이, 이렇게 셋이었다. 우유 배달 일을 하던 희덕이는 내가 임금을 좀 더 쳐주겠다며 설득해서 고물상 일에 합류하게 되었다. 우리는 보통 밤 10~11시까지 일했고, 점심이며 저녁은 아내와 어머니가 날라다 주는 밥으로 해결했다.

"밥이다! 밥이 온다!"

 정신없이 일하다 보면 어느 틈에 시장기가 느껴지고, 그때면 또 어김없이 골목길에서부터 밥 냄새와 찌개 냄새가 몰려왔다. 아이를 들쳐 멘 아내와 어머니가 밥통과 국통을 들고 마당으로 들어서던 모습이 아직도 눈에 선하다. 우리는 빈 우유 박스에 나무 합판을 올려 밥상을 만든 다음 그 주위로 둘러앉아 세상에서 가장 맛있는 밥을 먹었다. 고물상을 시작한 후 힘든 초반 3년을 넘기고 안정권에 접어들던 때였고, 하루하루 이렇게만 살아도 좋겠다면서 일상에 만족해할 때였다.

"나가줬으면 좋겠어요."

 **자원의 땅 일부를 사용한 지 10개월이 채 못 된 어느 날이었다. 1년씩 계약을 갱신하기로 했었는데, 그 1년도 채우지 못하고 쫓겨날 판이 된 것이다.

"너무 시끄럽고 먼지도 날리고 우리가 작업을 못 할 지경이에요!"

 **자원 사장님 사모님이 언성을 높이셨다. 솔직히 말도 안 되

는 얘기였다.

어려서부터 못 먹고 못 입으며 살다 보니, 그런 생활에 대한 역반응인지 나는 다리를 뻗어도 되는 곳인지 아닌 곳인지 직관적으로 상황 판단을 잘하고, 남에게 피해를 주는 일을 본능적으로 피하는 편이다. 더구나 우리는 작업할 때 작업에만 집중하기 때문에 시끄럽게 노닥거리지 않는다. 작업할 때 피치 못하게 나는 소음 이외에는 특별히 시끄럽게 굴지 않았다. 또한, 원체 깔끔하게 그때그때 마무리를 짓는 편이라 먼지가 계속 날릴 틈도 없었다.

그러니 우리가 쫓겨날 이유는 단 한 가지라고 볼 수밖에 없었다. 즉 우리가 **자원보다 더 일을 많이 하기 때문이라는 것. **자원은 대기업을 거래처로 잡기는 했으되 그 외의 일은 별반 없었고, 그 대기업 역시 거래하는 고물상이 여러 군데이다 보니 **자원에 맡겨지는 일은 얼마 안 됐다. 그에 반해 우리는 마진은 얼마 안 되지만 다양한 거래처로부터 일을 많이 받아 했고, 비록 하나하나의 마진은 적더라도 일이 많다 보니 어느 정도 수익이 나고 있는 상황이었다. 그러니 **자원 입장에서야 그런 우리가 얄밉고 꼴 보기 싫었을 수도 있는 것이다.

"당장 작업할 공간이 사라지는 건데 어쩌지? 거래처에 양해를 구할 수도 없고, 일을 안 받아올 수도 없고…."

"우리 사정이 곤란하다고 일 안 받아오면 그다음은 뻔해. 그 한 번으로 거래가 영원히 끊어져버리는 거라고."

우리는 이 상황을 어떻게 대처해야 하나 한숨만 푹푹 내쉬었다. 그때 다시 뜻밖의 소식이 들려왔다. 우리 집이 자리한 과수원 부지가 팔리게 됐다는 것이었다.

"그럼 우리 식구들 집에서 쫓겨나는 거야?"

아내는 믿기지 않는다는 얼굴로 나를 바라보았다. 하지만 나 역시 믿기지 않는 상황이긴 마찬가지였다. 일터에서도 쫓겨날 판에 집에서도 쫓겨나게 됐으니 온전히 거리로 나앉을 판이었다. 이게 꿈인지 생신지 분간이 안 될 지경이었다.

"여자 형제까지 챙겨줄 건 없고 남자 형제들끼리 나누자."

땅의 소유자인 큰 형이 평당 16만 5천 원에 과수원 부지가 팔렸다면서 여자 형제를 제외하고, 남자 형제끼리는 차등을 두어 땅 판 돈을 나누자고 했다. 애초 아버지가 남기신 땅이었다. 그런 식의 배분법이 이해가 되지는 않았지만, 큰형의 말이라면 따라야 했다. 그게 우리 집안의 분위기였다.

하지만 이번은 특별한 경우였으니, 나와 아내, 어머니, 어린 내 아들이 오갈 데 없이 거리로 나앉게 되는 일이었다. 거적때기 집에 산속 양계장 농사꾼 생활하면서 모은 돈을 다 쏟아부어 완전히 새롭게 수리해 만든 우리 집. 내 부탁으로 친구들이 싸게 일당 받아가면서 나와 함께 만든 집이었다. 그런 집에서 나와야 한다는 사실이 나로서는 받아들이기 너무 힘들었다.

"큰형, 내가 평당 17만 원에 살게요. 이 땅 나한테 파세요." 고민 끝에 땅을 사기로 결심했다. 그런데 돌아오는 반응은 말도 안 된다는 것이었다.

"네가 무슨 돈이 있어서 이 땅을 사? 너도 알다시피 이 땅 10년 동안 내놓고 있다가 이제 겨우 주인 나타나서 파는 거야. 근데 네가 이 땅을 사겠다고? 그러다 네가 안사면? 이 땅 주인 다시 언제 나타날 줄 알고?"

"꼭 내가 살게요. 약속한 날 현금으로 지불할게요."

나는 장인어른의 목청만큼이나 크고 자신만만하게 말했다. 결국, 형은 더 좋은 가격을 제시하는 나를 믿어보겠다면서 반드시 약속한 날 돈을 지불하라고 말하고 집을 떠났다. 이제 돈 만드는 게 문제였다.

"저랑 아내 둘뿐이면 여인숙 생활을 해도 되고 어디 빌붙어 지내도 됩니다. 하지만 어머니와 어린애까지 있습니다. 어떻게 하면 될까요?"

내 사정을 들으신 수연상회 사장님께선 잠시 생각에 잠기셨다가 입을 떼셨다.

"방법이야 여러 가지가 있지. 일단 그 땅을 석수 네 앞으로 등기 이전해. 그럼 땅을 담보로 대출을 받을 수 있을 거야. 그리고….”

그때 수연상회 사장님께선 당신의 일처럼 발 벗고 나서주셨다. 안성 시청 환경과와 토지계획과 공무원들로부터 조언도 받게 해주셨고, 은행 대출계 담당 직원에게도 전화를 넣어주셨다. 결국, 큰형을 설득해 등기이전 받고 은행으로부터 최대한 대출을 해주겠다는 약속도 받았는데, 그럼에도 돈이 부족했다. 그동안 적금 든 것도 해약했지만, 수중에 떨어진 돈은 3천만 원이 고작이었다.

'이제부터는 나를 담보로 하자.'

마지막에 남은 건 나밖에 없다는 판단이 섰고, 그동안 내가 보여준 신용도로 얼마나 돈을 융통할 수 있을지 나 자신도 떨리는 순간이었다.

"사장님, 제 사정이 지금 이렇습니다. 돈을 좀 빌려주실 수 있으십니까?"

난 거래처 사장님 여덟 분께 전화를 돌렸다. 그리고 여덟 번 모두 똑같은 대답을 들었다.

"좋아. 얼마나 필요한데?"

단 한 분도 내 부탁을 거절하지 않으셨다. 눈물 나도록 감사했고, 그동안 내가 꽤 괜찮은 고물상으로 살았구나, 확인하는 계기도 되었다. 하지만 무턱대고 돈 부탁을 할 수는 없었기에 각각의 거래처와 우리와의 1년 거래량을 분석했고, 그에 근거해 여덟 분 사장님으로부터 각각 다른 금액의 돈을 융통했다.

그 결과 약속한 날 형에게 약속한 금액의 돈을 건넬 수 있었다. 나머지 형제들에게도 계산을 했고, 추가로 대출을 받아 과수원 땅 한쪽에 창고를 짓고 건물을 지었으니, '석수자원' 중리동 제1공장이 탄생하게 되는 순간이었다.

그 후 돈을 빌린 거래처와 거래할 때마다 매번 거래 금액의 10퍼센트씩을 안 받는 방식으로 차곡차곡 빚을 갚아나갔다. 빚이 있으니 더 악착같이 일하게도 됐다. 그때는 셋째 형까지 잠시 일을 도왔는데, 우리 네 사람이 열 사람 몫을 해낼 정도로 일에 매달렸었다. 7백만 원짜리 중고 집게차도 구입하면서 사업은 더 크게 늘어나게 됐다.

돌이켜보면, 그때의 위기에 감사한 마음이 든다. 일터에서도 집에서도 쫓겨날 위기에 처하지 않았다면 지금의 나는 없었을지 모른다. 또한, 그 위기에 그냥 주저앉아 '하늘은 내 편이 아니다. 난 고물상 하지 말아야 할 팔자인가 보다' 했었더라면 그대로 주저앉는 걸로 끝났을 것이다. 하지만 난 주저앉지 않았고 살 길을 찾았다.

위기가 기회라는 말이 딱 맞았다. 그리고 그 기회를 만들어준

건 바로 사람이었다. 내 주변에 좋은 사람들이 있었기 때문이었다. 그런데 그때 나란 사람이 믿을 만한 사람이 아니었다면 어땠을까? 성실하지도 않고 신용도도 없는 사람이었다면 누군들 날 도와줬을까? 결국, 인덕을 만드는 건 나 자신이다. 내가 괜찮은 사람일 때 가까이 있는 사람들이 날 도와준다. 나의 가능성을 봤기에 얼마든지 투자할 가치가 있는 사람이라고 믿고 누가 먼저랄 것도 없이 서로 도와주려고 나서게 되는 것이다. 그러니 인덕 있는 사람이 되고 싶다면, 남의 도움을 받고 싶다면, 나부터 달라져야 한다. 나부터 성실하고 신용도 높은, 믿을 만한 사람이 되어야 한다.

초심을
다시 생각하다

2006년 어느 날 한 통의 전화를 받았다. 상대방은 자신을 교회 목사이자 환경신문에 기고하는 사람이라고 소개하며 고물상에 대해 궁금한 점들을 인터뷰하고 싶다고 했다. 난데없기는 했지만, 특별히 거절할 일도 아니었고, 그래서 난 흔쾌히 오시라고 했다.

며칠 안 돼 밀짚모자를 쓴 인상 좋으신 분이 날 찾아오셨는데, 그분 말씀이 별반 기대를 안 하고 전화를 했었다는 것이다.

"다른 두 군데 고물상에 전화를 걸었었는데 모두 일언지하에 거절을 하더라고요."

대부분의 고물상이 갖고 있던, 즉 외부에 자신을 공개하지 않으려는 묘한 습성 때문이었으리라 짐작된다.

"박스 기사로 조그맣게 실릴 거예요."

그 말에 부담감이 없어진 나는 간단하게 30분 정도 고물상을 시작하게 된 사연부터 우여곡절 끝에 중리동에 공장을 짓게 된 일, 그리고 직원들과 아내에 대한 얘기를 했다. 목사님은 빼곡히 수첩에 내 얘기를 받아쓰시고는 내 사진을 찍어 가셨다.

그로부터 얼마 뒤 애초 들은 얘기와 달리 나에 관한 기사가 벼룩시장 전면에 떡하니 사진과 함께 메인 뉴스라도 되는 양 실렸다. 원래는 귀퉁이 박스에 실릴 예정이었는데, 기사 내용이 워낙 좋아서 그렇게 됐다는 거였다. 30분 동안 인터뷰했던 모든 내용이 걸러지지 않은 채 그대로 실렸다.

그런데 그게 끝이 아니었다. 같은 기사가 인터넷 오마이뉴스에 실리면서 검색 순위 1위까지 올라갔다. 인터넷의 파급효과가 그다지도 엄청난지 정말 몰랐다. 안성에 사는 지인이며 친구들이 기사 봤다고 아는 척을 해주는 것은 물론 중국, 일본 등지에 나가 있는 친구들로부터도 전화가 걸려왔다.

"석수야, 너 이제 자리 잡았더라? 축하한다!"

"내가 다 뿌듯하더라. 이번에 나 안성 내려가면 우리 술 한 잔 같이 하자?"

기사를 통해 고물 단가가 공개되면서 익명의 협박 전화도 꽤 받았지만, 그동안 노력했던 게 인정받았다는 사실에서 오는 뿌듯함이 더 컸다.

그런데 한번 발동이 걸린 건지 그 후로 하루가 멀다고 잡지사며 방송국에서 인터뷰하자는 연락이 왔다. 짧게 몇몇 잡지 인터뷰를 했고, 몇몇 방송에도 얼결에 출연하고, 급기야 MBC 〈일요일 일요일 밤에〉의 '경제야 놀자' 코너 고정 출연에, KBS 〈인간극장〉도 찍게 됐다.

원래는 직원들 작업하는 데 방해된다는 생각이 들어 〈인간극장〉 출연은 거절했었다. 하지만 내 모습을 통해 사람들이 꿈과 희망을 가질 수 있다는 PD님의 얘기에 홀딱 넘어가 출연을 결심했다. 그 결과 2006년 12월에 방송된, 내가 출연한 '젊으니까 괜찮아' 편은 〈인간극장〉에서 가장 높은 시청률을 기록했다. 방송에 나온 내 모습을 통해 더 열심히 인생을 살게 된 분들이 많다는 얘기를 들었을 때 나는 춤이라도 추고플 정도로 기뻤다.

'젊으니까 괜찮아'가 우리들의 모습을 가감 없이 보여준 방송이라면, MBC 〈일요일 일요일 밤에〉의 '경제야 놀자' 코너는 나도 몰랐던 내 모습을 알게 해준 방송이었다. 총 13회 출연한 '경제야 놀자'는 MC인 김성주, 김용만, 조형기 씨가 연예인들의 집을 방문해 집안에 있는 물건들의 가격을 매기는 것이 주된 내용이었다. 그때 물건 가격 매기는 데 도움이 되는 전문 게스트 중

하나로 내가 섭외된 것이다. 그런데 막상 방송사에 갔더니 다른 게스트들은 짧게나마 대본이 있었는데 나는 대본이 없었다. 결국, 나의 역할은 모두가 별 관심 없어 하는 고물이 어쩌다 나오면 그때 별 특별한 멘트도 없이 가격만 매기면 되는 거였다.

하지만 개그맨 남희석 씨 집에서 이루어진 첫 녹화 때부터 나는 소위 팡팡 터뜨렸다. 좀 어리둥절하기도 했다. 남희석 씨가 고급 모피 코트라고 착각하고 갖고 있던 인조 모피 코트를 차곡차곡 접어 손바닥에 올려놓고 무게를 가늠해 킬로그램당 헌 옷 무게 값으로 220원이라고 산정한 게 웃음이 터질 일인가? 하지만 출연자들은 물론 시청자들도 팡 터진 것이다. 개그맨 장동민 씨 집에 있는 오래된 재봉틀의 무게를 산정해야 하는데 그때 마침 저울계가 준비돼 있지 않아 대신 재봉틀을 든 내 팔뚝의 힘줄이 올라오는 걸 보고 정확하게 재봉틀 무게를 알아맞히며 인간 저울이라고 불리기도 했다. 반응이 좋자 원래 필요할 때만 게스트로 나서기로 했던 것과 달리 나는 매회 출연하게 됐다.

"사장님은 따로 대본이 필요 없으세요. 그때그때 솔직하게 말씀하시는 게 더 재밌으세요. 시청자들에게 사장님 진심도 더 잘 전달되고요."

처음 나를 섭외했던 작가님이 칭찬을 겸한 격려를 가득 해주었다.

요즘도 방송 출연했을 때 떨리지 않았느냐고 물으시는 분들이 가끔 계시는데 나는 전혀 떨리지 않았다. 방송에 도움을 주고자 출연한 건데 떨릴 게 뭐 있나. 그런데 대부분의 사람들은 떨린다고 하니, 나 스스로 자연스레 '방송 체질인가?' 생각이 들기도 한다.

'경제야 놀자' 출연을 통해 개인적으로 뿌듯하게 느끼는 점은, 고물상으로서의 전문적인 면모를 보여줌과 동시에 일반인들이 갖고 있는 우중충하고 암울한 고물상 이미지를 날려버리는 데 조금이나마 일조했다는 것이다. 그때까지는 고물상 하면 꾀죄죄한 옷차림의 궁상맞은 노인들을 떠올리기 십상이었는데, 그에 반해 나는 젊고, 작업할 때 외에는 늘 차림새가 깔끔했으니 반전이라면 반전이었다. 두통에 좋다고 해서 왼쪽 귀를 뚫어 걸고 다니는 귀걸이 또한 기존의 고물상들과는 다른 이미지를 심어주는 데 한몫을 한 것 같다.

하지만 시간이 흐를수록 고민을 하게 됐으니, 바로 '방송인이냐? 고물상이냐? 도대체 내 정체가 무엇인가?'라는 문제였다. 그때는 고물상 일이 무척 많아지고 있는 시기였기 때문에 정신없이 작업장을 오가다 시간 되면 뛰어가 방송 일을 해나가는 처지였다. 고민은 심해졌고, 이러다 죽도 밥도 안 될지 모른다는 불안감도 생겼다. 그러다 과감히 〈일요일 일요일 밤에〉 측에 하차 의사를 전했다. 다행히 좋게 마무리가 됐고, 본업에 충실하게 됐는데 얼마 못 가 '경제야 놀자' 작가님으로부터 다시 출연해달라는 전화가 걸려왔다. 그러나 내 결심은 흔들리지 않았다. 사정상 힘들겠다고 정중히 거절하고 나는 속으로 외쳤다.

'방송은 이제 그만!!'

방송 일을 접었지만 지금도 방송의 힘이 얼마나 큰지는 실감하고 있다. 식사하러 식당에 들렀을 때 한쪽에 설치된 TV 모니터에서, 혹은 집에서 휴식을 취하려고 튼 TV 케이블 채널에서 과거의 내 모습을 불쑥불쑥 마주하게 된다. TV 속에서 여전히 나는 서른둘 혹은 서른셋이고, 다른 사람들은 눈치 못 채겠지만 내 눈에는 고물상으로 서서히 자리 잡아간다는 사실에 들뜬 과거의 내 모습을 문득문득 엿보게 된다. 이미 과거가 돼버린 내 모습에 살짝 거북한 기분이 들기도 하지만, 한편으론 그때의 열정이 또 날 자극하기도 한다.

'저 때 꿈꾸던 것들을 난 지금 이뤄가고 있는 건가?'
'난 여전히 내 일에서 당당한가?'
'초심을 잃어버리진 않았나?'

그런 식으로 과거의 방송 속 내 모습은 날 반성하게 하고, 날 또 새로이 다지게 만든다. 그리고 좋은 인연도 맺어준다. 지금이 책을 쓰게 된 것도 그렇고, 무엇보다 방송은 나로 하여금 좋은 사람들을 직원으로 혹은 거래처로 맞게끔 해줬다. 방송 출연하면서 "일하고 싶습니다. 일 시켜주십시오!" 또는 "우리랑 같이 일해볼래요?" 하는 전화를 참 많이 받았다. 내 연락처를 몰라 방송사로 무작정 찾아오시는 분도 계셨다.

하지만 방송을 통해 내 수입이 공개되었기 때문인지, 돈에 혹해 접근하시는 분들도 많았다. 그런데 돈에 혹해 일하겠다는 분들은 막상 고물상 일을 시작하면 그 육체적 힘듦에 혀를 내두르고 얼마 못 가 도망치기 십상이었다. 그 후 나는 일하겠다고 찾아오시는 분들을 무수히 거절했다. 그럼에도 끝까지 고집을 꺾지 않으신 분들도 계셨고, 내 평생 잊을 수 없는 인연이 되신 분들도 계시다. 주마등처럼 머릿속을 스치는 감사하고 소중한 이름들. 그분들이 있어 행복했고, 그분들을 통해 나 역시 희망을 꿈꾸게 되었고 도움을 많이 받기도 했다. 여기서 그때 맺은 인연 중 하나를 소개해볼까 한다.

그 인연은 〈인간극장〉 '젊으니까 괜찮아' 덕분에 이뤄졌는데, 어느 날 밤 8시에 전화가 걸려왔다.

"저희 부사장님께서 석수자원에 일을 맡기라고 하셨습니다. 곧 사람을 보내겠습니다."

아닌 밤중에 홍두깨 같은 얘기였지만, 이런 식으로 접근해오는 사람들도 당시엔 꽤 많았기 때문에 별반 놀랍지도 않았다. 오시라고 시큰둥하게 대답하고 전화를 끊었는데, 10분이 못 돼 다시 전화가 왔다.

"지금 그리로 가고 있습니다."

밤 9시가 못 돼 우리 마당에 스타렉스가 들어섰고, 정장 차림의 남자 세 명이 차에서 내리더니 어리둥절해하는 나와 아내를 향해 90도로 예를 갖춰 인사했다. 안으로 들어온 그들은 이번엔 책상 위에 노트북을 쫙 펼치더니 모니터에 뜬 사진들을 차례로 넘겨 보이면서 우리가 해야 할 일에 대한 설명을 늘어놨는데, 작업 대상은 우리가 상상도 못 했던 엄청난 단가의 기계들이었다. 우리는 어안이 벙벙해져 반쯤 입을 벌리고 가만히 듣고만 있었다.

"계약서도 작성하셔야 하고 담당자도 만나셔야 하니 회사로 찾아오십시오."

그들은 명함을 건네고 사라졌고, 나와 아내는 황당한 얼굴로 서로 마주 보았다.

"사기치고는 굉장한 사기 같은데?"

"자기야, 이거 유령 회사 아닐까?"

우리는 못 미더워하며 회사로 찾아가지 않았고, 대신 명함에 찍힌 주소와 회사명을 근거로 등기부 등본을 떼어봤다. 확실한 회사였다. 그것도 모두가 다 아는 대기업의 하청업체임이 틀림없었다.

아내와 나는 그제야 주섬주섬 옷을 차려입고 길을 나섰는데, 그 회사의 첫인상은 그야말로 유령 회사였다. 그런 곳은 처음이었다. 경비원 외에 사람은 하나도 보이지 않는 가운데 크리스털 타일이 쫙 깔린 텅 빈 로비는 흡사 유령의 성 같아 보였다. 살짝 기죽은 기분으로 접견실에 앉아 기다리자니 이사님이 들어오셨다.

"부사장님께서 〈인간극장〉을 보시고 젊었을 때 자기 모습을 보는 것 같다시면서 석수자원에 일을 주라고 하셨어요. 모쪼록 열심히 일해주세요."

간단한 인사를 나누고 우리는 담당 차장님과 함께 공장으로 갔는데, 6백 평 창고 가득 폐반도체 기계들이 꽉 차 있었다. 영화에서나 볼 법한 장관이었다.

"버전이 업그레이드될 때마다 생산 라인 자체를 다 바꾸기 때문에 라인에 있던 기계들 역시 다 교체되죠."

차장님의 설명을 들으면서도 꿈인가 생시인가 했고, 그렇게 얼떨결에 우리는 일을 맡게 되었다. 하지만 막상 작업에 들어가자 이내 경험 부족으로 난관에 봉착했다. 폐반도체 기계를 처음 다루다 보니 우리는 뭐가 뭔지도 모른 채 4백만 원짜리 센서에다

망치질을 하기도 했고, 한 사람이 기계 하나를 붙잡고 3시간을 매달리다가 안 되면 열 사람이 달려들어, 되지도 않는 해체 작업을 했다. 이건 굼벵이 기어가는 것보다도 작업 속도가 더 느렸는데, 급기야 그런 우리 꼴을 보다 못한 전문가가 나서서 시범을 보여주었다. 당시 우리에게는 없었던 30만 원짜리 전동 드릴 스무 대를 비롯한 각종 값비싼 공구들이 빛을 발하면서 빠른 속도로 기계 부품이 풀어지고 조여지고 센서가 분리됐다.

"우와!!"

우리는 탄성을 내지르며 손뼉을 쳤고, 그다음부터는 요령을 배워 한결 수월하게 작업을 할 수 있었다.

그런데 뜻밖에 놀라운 사실을 알게 됐다. 우리 전에 하던 고물상 업체에서는 고철, 비철, 전선, 이 3가지 품목만 제시를 하고, 그에 따른 3가지 단가 계산만 했다는 것이다. 하지만 딱 봐도 그건 아니었다.

'엄청 많이 해먹었겠구나!'

그런 생각을 하면서 나는 떳떳한 장사꾼이 되겠다는 내 목표를 떠올렸다. 그리고 월급쟁이 고물상을 관둘 때의 그 초심을 되새기면서 품목을 고철 A, 고철 B, 비철 A, 비철 B, 전선 A, 전선 B로 나누고 여기에 플라스틱과 폐기물을 더했다. 결국, 품목이 3가지에서 8가지로 늘어난 것이었으니, 그에 따라 우리가 작업해 그 회사가 거둬들이게 되는 수익 또한 늘게 되었다. 매출 보고를 받은 윗선들이 더 놀라워했다.

"매출이 세 배로 늘었네요. 어떻게 이런 일이 생긴 겁니까?"

난 사실대로 차근차근 설명했다. 품목을 늘리는 게 맞고, 품목이 늘고 단가가 올라가면서 매출도 는 것이라고. 파급효과는 컸다. 내사가 시작됐고, 예전의 담당자들과 업체 사람들이 짜고 부당하게 자기네들 뱃속만 챙긴 사실이 드러나면서 예전의 관리자들 전원이 물갈이됐다. 덩달아 나를 추천하셨던 부사장님의 회사 내 입지는 더욱 탄탄해졌고, 나와 일하고 있던 담당 차장님은 승진을 하게 되셨다.

더 좋았던 건 우리 석수자원이 발전했다는 것이다. 그때까지 다뤄보지 못했던 기계들을 작업하면서 기술도 늘어났고, 좋은 장비들도 갖추게 되었다. 큰 기업의 시스템을 엿보고 간접 체험한 것도 신선한 자극이 되었다. 그리고 돈도 많이 벌었다. 워낙 훌륭한 물품들이라 단가도 높았고, 마진도 좋았다. 그로 인해 여유 자금이 생기면서 새 공장 부지를 물색할 수도 있었다. 그때는 정말 뭘 해도 잘됐다. 너무 잘되다보니 영원히 그럴 줄 알았다.

그러던 어느 날 연락이 왔다. 업체가 바뀌었다는 통보였다. 알아보니 우리에게 일을 주셨던 부사장님께서 정년 퇴임을 하셨고, 차장님으로 처음 만난 담당자분은 승진을 거듭하다 이사로

발령이 나 중국 지사로 떠나게 되셨다는 것이다. 그에 따라 담당자들이 새롭게 편성되면서 다른 업체가 선정되었고, 우리는 2년 가까이 황금알을 낳던 일에서 손을 놔야 했다.

석수자원이 아닌
재선자원

나는 공장을 차리면서 단가표를 공개했다. 고물상 일을 하면서 가장 받아들일 수 없었던 점이 '부르는 게 값인 고물 값'이었다. 지금이 어느 세상인데 부르는 게 값이라는 게 말이 되나. 하지만 주변 고물상들은 단가표를 공개하기로 한 내 결정에 절레절레 고개를 내저었다.

"참 어리석다. 너, 이제 1톤 장수 아니잖아? 물건 팔러 온 1톤 장수한테 단가표 공개하는 게 너한테 과연 좋은 일이겠어?"

단지 돈만 많이 버는 게 인생 목표였다면 가격을 공개하지 않는 게 더 나았을 것이다. 그럼 마진 많이 남게 적당히 가격 부르고, 때로는 못 쓰는 물건이라고 둘러치면서 돈 한 푼 안 주고 고물을 챙길 수도 있었을 것이다. 하지만 난 늘 당당하고 떳떳한 장사꾼이고 싶었다. 그게 아니면 내가 죽자고 열심히 일하며 사는 이유가 없는 거다.

 큼직한 화이트보드를 사서 〈단가표〉라는 글씨 밑으로 품목별 단가들을 써내려갔다. 물론 고정된 단가표는 아니다. 고물 시세라는 게 경기의 영향을 워낙 많이 받는 만큼 그때그때 단가는 유동적이고 또한 급락도 심한 편이다. 예를 들어 철은 거의 수입을 하는데, 과거에 칠레 지진이 일어났을 때는 꽤 많은 고물상이 철을 도둑맞았을 정도로 철 가격이 폭등하기도 했었다.

 가격이 변동될 때마다 나는 다시 예전 가격을 지우고 새로운 단가를 쓰는데, 그때마다 묘한 자부심을 느끼고는 한다. 알다시피 우리 석수자원은 마진 폭이 적다. 마진이 적은 단가를 공개해 그대로 실행해나간다는 게 얼마만큼의 용기가 필요한 일인지 아마 고물상들만이 알 것이다. 하지만 나는 끝까지 용기 있고 당당한 장사꾼으로 남고 싶다.

 부작용이 있기는 하다. 벼룩시장 인터뷰를 할 때 가격 질문이 나왔고, 질문에 대한 답변으로 몇 가지 품목에 대한 우리 단가를 알려준 게 기사에 실렸다. 그리고 방송을 통해 카메라에 자연스레 단가표가 찍혔는데, 파장이 생각보다 컸다. 방송 후 우리는 꽤나 많은 익명의 협박 전화를 받아야 했다.

"왜 단가를 너희 맘대로 공개해? 이것들이 미쳤나!"

"나한테 딸린 식구가 얼만데! 이제 우리 애들 어떻게 키우라고 떡하니 단가를 공개해?"

"꼼짝 말고 있어. 내 당장 가서 니들 죄다 쓸어버릴 테니까!"

나와 아내는 나름 정중하게 응대를 했지만 역부족이었다. 인내심을 갖고 수화기 너머로 들려오는 온갖 욕과 저주를 듣다 도저히 못 참겠다 싶어 수화기를 내려놓으려 하면, 일방적으로 저쪽에서 전화를 먼저 끊어버리곤 했다. 협박 전화를 거시는 분들 입장이 아주 이해가 안 되는 건 아니다. 그분들이야 엄한 놈 때문에 괜한 피해를 보게 됐다고 여겼을 것이다. 그래서 지금도 종종 '몸조심해라' 같은 협박 문자들을 받고 있는 건지도 모르겠다. 하지만 누군가의 배가 부르면, 누군가는 더 굶주려야 한다. 그건 옳지 못한 일이라는 게 변함없는 나의 생각이다. 더욱이 인터넷에 검색하면 뭐든 다 나오는 시대 아닌가.

무엇보다 나는 가격을 공개함으로써 서로 간에 신뢰를 쌓을 수 있으리라 기대했다. 그리고 내 예상은 다행히 맞아떨어졌다. 소문을 들은 먼 지역의 1톤 트럭 고물상들이 우리 가게를 찾기 시작했고, 그렇게 거래처가 늘어나면서 우리는 더욱 바빠지게 되었다.

우리 석수자원 식구들은 참 열심히 일한다. 그렇다고 일만 하는 건 아니다. 죽어라 일만 하면 배터리가 방전되듯 어느 순간 일을 할 수가 없게 된다. 그런 불상사가 발생하지 않게 우리는 미친 듯이 잘 놀기도 한다. 그래선지 회식하러 식당에 들르거나 노래방에 갈 때면 곧잘 듣는 얘기들이 있다.

"연예인들 오셨나 보네?"

"안성에서는 보기 힘든 스타일들이시다."

고물상에 대한 선입견 중 하나가 지저분한 사람들이라는 이미지다. 물론 작업을 할 때는 먼지도 날리고 고물들을 만지느라 지저분해지기도 한다. 하지만 고물상이 24시간 내내 지저분하고 꾀죄죄한 사람들은 아니다.

나와 우리 석수자원 식구들은 고물상에 대한 그런 잘못된 이미지를 깨고 싶어 하고, 고물상에 대한 반전이라면 반전을 보여주고 싶어 한다. 그래서 회식을 할 때는 다들 샤워하고 말끔하게 평상복 입고 약속 장소에 집합한다.

"고물상인데요."

뭐 하는 사람들이냐고 묻는 말에 우린 당당하게 말한다. 그런데 문제는 다들 안 믿고 농담으로 여긴다는 것이다.

실제로 고물상 사장님들끼리의 모임이 있어 나가보면, 낡아빠진 작업복 차림으로 나오시는 분들이 계시는데, 난 그건 아니라고 생각한다. 사치를 부리자는 얘기가 아니다. 행동과 마찬가지로 차림새 역시 그 사람의 인격과 마음을 보여주는 것이다. 또한, 지저분한 옷차림이 상대에게 불쾌감을 줄 수 있다는 점에서 차림새는 상대에 대한 배려이기도 하다. 그런데 왜 상대에 대해 배려를 안 하냐는 말이다. 이 세상 모든 사람이 때와 장소에 맞는 차림새를 지향한다. 그런데 유독 고물상들은 왜 작업복 차림으로 어디든 갈 수 있다고 생각하느냐 말이다. 그런 생각을 하는 고물상들도, 고물상을 지저분한 사람이라고 생각하는 사람들도 똑같이 잘못된 것이다.

그렇다고 고물상이라는 본분을 망각하자는 것도 아니다. 일할 때는 카리스마 있게, 그 외의 시간은 다른 사람들처럼 때와 장소에 맞게 차림새를 갖추자는 게 우리들의 생각이다. 어떤가? 멋진 고물상들 아닌가? 멋진 고물상들이 있는 곳, 바로 석수자원이다.

고물상은 두루두루 좋은 이유가 많은 직업이다. 그중에서 가장 좋은 이유는 땀 흘리고 일한 만큼 그 대가가 반드시 주어지는 직업이라는 점이다. 다른 업종에서는 말로써 그럴듯하게 포장해 나쁜 물건도 좋은 물건인 척 팔기도 하고 계약도 성사시키고는 한다는데, 고물 일에는 그런 술수나 속임수가 끼어들기 쉽지 않다. 오직 얼마나 땀을 흘렸고 얼마나 열심히 일했느냐에 따라 수익이 결정된다. 바로 그 점에서 나는 세상에 둘도 없이 투명한 직업이 고물상이며, 세상 모든 일들이 고물 일과 같은 특색으로 이뤄진다면 세상은 정말 살맛 나게 될 것이라 생각한다. 특히 우리 석수자원같이 운영된다면 더할 나위 없을 거라 말하고 싶다. 이런 얘기를 하는 나를 뻔뻔하다고 보실 분들도 있겠지만, 나는 그만큼 석수자원에 자부심을 갖고 있다.

그래서 대한민국에 석수자원이 많아졌으면 좋겠는데, 아시는 분은 아시겠지만 현재도 여러 곳에 〈석수자원〉이라는 같은 이름의 고물상들이 있다. 그들 〈석수자원〉의 공통점은 나와 함께 일했던 분들이 독립해서 차린 고물상이라는 것이다. 내가 〈석수자원〉이란 이름을 쓰라고 강요한 건 아닌데, 기반을 잡게 해줬기 때문인지, 나로부터 받은 가르침이나 노하우들을 잊지 않겠다는 생각인 건지, 같은 상호를 쓰게 되었다. 그렇다고 상호 값으로 로열티를 받거나 그런 건 전혀 없다. 난 그저 나로 인해 그들이 자리를 잡고 잘 먹고 잘살게 된 것에 감사하고 만족스러워한다.

"독립해서 〈석수자원〉을 차린 분 중에 가장 기억에 남는 사람은 어떤 분입니까?"

언젠가 인터뷰할 때 이런 질문을 받은 적이 있다.

그런데 독립해 나간 직원 중 가장 기억에 남는 직원이 차린 고물상의 상호는 석수자원이 아닌 〈재선자원〉이다.

나와 동갑인 김재선 씨는 한창 내가 방송 활동을 하던 시절에 방송국을 통해 물어 물어 전화를 걸어왔었다.

"일을 배우고 싶습니다. 돈이 필요합니다."

재선 씨의 말에 나는 바로 떨떠름해졌다. 지금도 그렇지만 그때도 돈 때문에 일하겠다는 사람은 달가워하지 않기 때문이다.

"일 배우겠다고 찾아오는 분들이 많기도 하고요, 죄송하지만 지금은 직원이 필요하지 않습니다."

나는 완곡하게 거절의 뜻을 표했다. 그리고 또다시 재선 씨 전화를 받게 됐다.

"죽기 전에 친어머니께 전셋집이라도 해드리고 싶습니다."

재선 씨의 목소리는 참 절박했다.

진심이 그대로 묻어나는 그 목소리에 나는 그를 위해 내가 도울 일이 있다면 기꺼이 도와야겠다고 생각하게 됐다.

사연인즉슨, 재선 씨는 네 살 때 폐렴에 걸려 대전역에 버려진 후 천주교 단체에서 운영하는 보육원에서 자랐다고 한다. 고교 졸업 후 LG전자 생산팀에 입사해 일을 한 재선 씨는 건강이 나빠지면서 병원을 찾았고 결국 희귀병 진단을 받게 되었다. 그런데 그 희귀병이 국내에서 발견된 사례가 별로 없었기 때문에 그 병에 걸린 환자들에 대한 기록이 따로 보관돼 있었고, 그 기록을 통해 재선 씨는 서울에 형제가 있다는 사실을 알게 되었다. 병명은 정확히 기억이 안 나는데, 환자 기록을 통해 형제를 찾은 걸 보면 일종의 유전병이었던 것 같다. 세상에 자기 가족이 있으리라고는 생각도 못 했던 재선 씨는 기쁜 마음에 가족을 찾아갔는데, 가족들 형편은 말이 아니었다. 달동네 연탄 방에 병든 어머니가 누워 계셨고, 막노동하는 형은 일은 뒷전이고 술에 절어 망나니나 다름이 없었다. 재선 씨는 궁핍한 생활을 하는 가족들의 모습에 펑펑 눈물을 쏟았고, 죽기 전에 어머니를 위해 전셋집을 마련해야겠다는 결심을 하게 된 것이었다.

내 밑에서 재선 씨가 일을 배운 시간은 고작 6개월이었다. 지금껏 6개월 만에 독립을 한 직원은 재선 씨가 유일하다. 그 정도로 재선 씨는 미친 듯이 일을 배워나갔다. 키도 작고 체구도 작았는데 손놀림이 무척 빨라서 세 사람 몫은 거뜬히 해냈고, 다른 사람이 쉴 때도 계속 일을 할 정도로 건실했다.

'와, 정말 열심히 한다!'

누구보다 열심히 일한다고 스스로 자부하는 나조차도 감탄할 정도였다.

6개월 후 재선 씨는 청주에서 고물상을 차렸다. 처음에는 〈석수자원〉 간판을 달려고 했는데, 내가 그러지 말라고 했다. 죽음을 앞두고 있는 사람이기에 더 자기 이름을 내거는 게 낫다고 생각했기 때문이었다. 그래서 그 고물상은 〈재선자원〉이 됐다.

"언젠가 저한테 더 이상 연락이 안 오면 이 세상 떠났구나, 생각하세요. 저 세상에 가더라도 사장님에 대한 고마움은 절대 잊지 않을 거예요."

담담하게 그렇게 말했던 재선 씨는 그 후 우리 석수자원에 물건을 팔러 오기도 했고 종종 안부 전화도 걸어왔다. 그리고 1년 만에 연락이 뚝 끊어졌고 더 이상 재선 씨 모습을 볼 수 없게 됐다. 지금도 나는 가끔 재선 씨를 떠올리고는 한다.

'어머니께 전셋집은 해드리고 떠났을까?'

분명 그랬을 거다. 지독하게 성실하고 착한 사람이었으니 원하던 바를 이루고 갔으리라. 재선 씨가 하늘나라에 가서도 날 잊지 못한다고 했는데, 나 역시 죽을 때까지 재선 씨를 못 잊을 것 같다. 그리고 내가 그의 마지막 꿈을 이루는 데 도움을 줄 수 있었음에 너무 감사한 마음이다. 아울러 그의 어머니가 행복한 여생을 누리시기를 기도한다.

이렇듯 나는 고물상이라는 직업과 〈석수자원〉을 통해 잊지 못할 감사한 인연들을 맺었고, 좋은 사람들을 만났다. 앞으로도 더 많은 사람에게 도움을 주고, 나로 인해 더 많은 사람들이 행복해졌으면 한다. 그래서 그 사람들을 통해 전국에 〈석수자원〉이 더 많아진다면, 그럼 그만큼 더 좋은 대한민국이 되지 않을까 싶다.

5

하루 2만원에서 30억 매출까지

단순해져라:
진정성으로 사람의 마음을 움직여라

인덕이 많다는 얘기를 종종 듣는 편이다. '정말 그런가?' 하고 고갤 갸우뚱하면서도 생각해보면 맞는 것 같다. 일부러 찾아다니지 않았어도 최고의 스승들을 만났고, 하늘이 도우시어 좋은 아내를 만날 수 있었으니 말이다. 그런 좋은 사람들 덕택에 오늘날의 내가 있다는 건 하늘도 알 얘기지만 한편으론 그런 사람들을 스승으로, 아내로 삼을 수 있었던 건 나의 기질 때문이 아니었을까 싶기도 하다. 내 자랑이 아니다. 이 책을 읽는 독자들에게 도움이 될 수 있기를 바라는 마음에서 드리는 얘기다.

나는 현재 주어진 상황에서 주어진 일에 최선을 다한다. 또한, 단순해서 하고 있는 일 하나밖에 생각을 못 하니, 한눈을 팔지도 못하고 딴마음을 잘 품지도 못하며, 누굴 속이지도 못한다. 바로 그런 점들 때문에 어쩌면 그저 스치듯 지나칠 수 있었던 사람들도, 내게 등을 돌렸던 사람들도 내 사람으로 만들 수도 있었던 것 같다.

아내와의 교제도 그랬다. 겉으로 드러난 조건들만 따진다면, 나는 아내에게 어울리는 짝이 아니었다. 그때까지 부족함 없이 생활하며 학교와 집밖에 모르던 순진한 아내는 자신과 다른 나의 환경에 놀라기도 했고, 처음 1년 동안은 늘 헤어질 생각을 했다고 한다. 하지만 열심히 살아가는 내 모습과 나의 인성에 결국 반해 "착하다", "사람이 좋다"는 말로 친언니에게 날 소개했고, 그런 아내의 얘기로 인해 우리는 처형의 허락 하에 교제를 이어갈 수 있었다.

장인어른과 수연상회 사장님도 마찬가지셨다. 두 분 모두 처음에는 나를 탐탁지 않아 하시는 정도가 아니라 아주 싫어하셨다. 젊은 놈이 고물상 하겠다는 게 당시에 흔치 않은 일이었던 만큼 수연상회 사장님은 '얼마나 오래가겠어?'라고 생각하시면서 날 뜨내기 취급하셨다. 하지만 난 장인어른과 수연상회 사장님의 가르침들을 한 귀로 흘려듣지 않았고, 가르침 받은 바를 하나하나 내 것으로 만들고자 노력했다. 그리고 노력하는 모습을 꾸준하게 온몸으로 보여주었다. 그러자 두 분의 태도가 달라졌다. 처음에는 야단치듯 하시던 말씀들이 차츰 진정어린 조언으로 바뀌었고, 어느새 무엇 하나라도 더 가르쳐주고 싶어 하시게 됐다. 결국, 나의 단순하지만 노력하는 기질이 두 분을 내 편으로 만든 것이다.

  계룩리 제2공장을 지을 때도 그랬다. 고물상이 들어서는 걸 달가워하지 않은 인근 교회 목사님이 찾아와 항의하시는 바람에 공사가 지연되는 일이 생겼다. 공사가 지지부진해지면서 어려움을 겪는 와중에 그 목사님이 다른 교회로 가시고 새로운 목사님이 오시면서 낡은 교회를 리모델링하게 되었다. 그때 나는 새로 부임하신 목사님을 먼저 찾아뵙고 인사드리면서 공장 공사에 대해 설명했다. 내가 먼저 다가갔고, 내 입장만 주장하지 않고 교회 쪽의 입장도 충분히 이해한다는 태도로 솔직하게 양해를 구했다. 다행히 목사님은 나의 진정성과 선의를 알아주셨고, 그 후 계획대로 공사를 진행할 수 있었으며, 우리는 교회 리모델링 할 때 나오는 쓰레기들을 장비를 지원해 깨끗이 정리해드렸다. 그러자 교회 측은 우리에 대해 좋은 이미지를 갖게 되었고, 그때부터 지금까지 좋은 이웃으로 지내고 있다. 예배에 방해되지 않게 일요일에는 오전 작업을 하지 않는 걸 원칙으로 하면서 말이다.

  사람의 마음을 움직이고 그 사람을 내 편으로 만드는 것은 다

자기 하기 나름이다. 상대방의 입장도 헤아리면서 열심히 일하고 성실하게 사는 사람은 누구도 싫어하지 않는다. 그래서 나는 어디를 가든 주변 사람들의 미움을 받지 않았고, 주변에 늘 사람이 많았다. 물론 주변 사람들로부터 손해 볼 게 뻔한 제안도 받고, 돈도 떼인 경험도 있기는 하다. 하지만 그때는 어렸고, 생각이 여물지 못했다.

그에 반해 지금은 내게 유익한 사람들이 주변에 더 많다. 즉 오랫동안 관계를 이어오고 있는 거래처가 많은데, 그 이유는 단순하게 상대를 배려하고 열심히 일하는 것에 더해서 신의가 있었기 때문이라고 생각한다.

아파트 일을 예로 들어보자. 예전에는 아파트 재활용품 수거 업체를 선정하는 기준이 특별히 없었다. 그래서 부녀회나 동대표, 혹은 아파트 관리소장이 임의로 정하는 경우가 많았다. 하지만 지금은 대부분 부녀회와 동대표, 아파트 관리소장의 합의하에 입찰이 진행되고, 입찰 들어온 서류를 기준에 맞게 검토해 업체를 선정한다. 그러다 보니 알음알음으로 일을 따낼 수가 없다. 장비가 확보되어야 하고 품목별로 종합해서 최고의 단가를 제시해야 한다. 그런데 우리는 10년 넘게 같은 아파트 일을 맡아오고 있다. 물론 매년 입찰을 거쳐서 말이다. 그럴 수 있는 이유가 우리가 장비가 확보돼 있고, 최고의 단가를 제시하기 때문만일까? 그렇지는 않다. 그 모든 조건과 함께 우리에겐 신의가 또한 있기 때문이다.

아파트 일은 일이 꾸준하고 물량도 꾸준하다. 반면 품목이 많고, 품목이 많은 만큼 일이 복잡하다. 최고 단가로 들어가야 하므로 마진도 적다. 또한, 아파트 측에서 요구하는 정확한 시간에 들어가야 한다는 불편한 점도 있고, 민원 사례도 빈번하다. 여기저기 치워달라는 요구도 많다. 자연히 고물상 입장에서는 스트레스는 많은데 수익은 얼마 되지 않으니, 일을 시작해도 그만두는 경우가 꽤 된다.

아파트뿐만이 아니다. 거래처들과 계약을 맺었는데, 계약 기간에 물건 가격이 폭락해서 일하는 족족 손해가 나는 경우도 있다. 그럴 때 많은 업체들이 중간에 손을 떼버린다.

그럴 경우 당장의 손해는 면할 수 있다. 문제는 다시는 그 거래처와 일을 할 수 없게 된다는 점이다. 그 거래처뿐만 아니라 동종의 다른 거래처에까지 소문이 나면 다른 거래처 일도 못 하게 될 수 있다.

하지만 우리 석수자원은 그렇지 않다. 일단 일을 하기로 했으면 끝까지 일을 계속한다. 요구 조건들이 지나치다 싶어도 최대한 수용하고, 물건 가격이 폭락했다 하더라도 그건 내가 감수해야 할 부분이라는 생각으로 끝까지 일을 맡는다. 그렇게 신의를 보여주면, 그만큼 거래처는 나를 믿게 된다. 나를 믿는 거래처는 다른 거래처를 내게 소개해준다. 당장의 손해는 중요하지 않다. 신뢰를 쌓고 계속 거래를 이어나가는 게 중요하다. 그러다 보면 자연스레 거래처가 늘어나고 인덕 많다는 소리를 듣게 된다.

따지고 보면 절대 손해가 아니다. 물건 가격 또한 언젠가는 오르게 마련이다. 아파트 일이 힘들고 마진이 적기는 하지만 꾸준하게 물량이 확보되는 만큼 꾸준하게 이윤을 확보할 수 있고, 직원들에게 고정적으로 일을 줄 수 있다. 같은 이유로 회사 역시 다른 부분에서 타격을 보더라도 아파트 일이 꾸준히 있는 한 타격을 덜 받게 돼 좋은 것이다.

요즘에는 일자리 구하기도 어렵고 경기도 어렵다 보니 쉽게 돈 벌 수 있다는 생각에서 고물상을 시작하시는 분들이 많다. 예전에는 고물상이 흔히 볼 수 있는 직업이 아니었던 반면, 이제는 눈에 보이는 게 파지고, 또 어려운 살림살이에 파지 줍는 사람들이 많아져서 더 그런 것 같다. 하지만 고물상은 절대 만만한 직업이 아니다. 시작하기는 쉬울지 몰라도 막상 해보면 엄청나게 어렵고 힘들다. 그래서 고물상을 시작한 사람들 중 고물상으로 자리 잡는 경우는 10퍼센트도 안 된다.

이 사실을 잊지 말고, 고물상을 해볼까 하시는 분들은 먼저 자신이 인덕이 있는 사람인지, 얼마나 단순하게 열심히 신의 있게 일하는 사람인지를, 한마디로 진정성이 있는 사람인지를 체크하고 고물상 일을 시작해보길 바란다.

만약 현재 그렇지 못하다면 이제부터라도 인덕 있는 사람이 되면 된다. 고백하건대, 나 역시 지금만큼 과거에 단순하게 열심히 신의 있게 산 건 아니었다. 노력하는 삶보다는 내 스타일로 자유롭게 삶을 영위하고 싶은 마음이 더 컸다. 하지만 좋은 스승을 만나서 때로는 주입식 교육도 받아가면서 지금의 모습으로 변화된 것이다.

덧붙여서, 내가 얼마나 단순하게 열심히 신의 있게 일했는지 예전의 일을 하나 예로 들어보겠다. 지금이야 플라스틱이 종류도 십여 가지로 다양하고 가격도 어느 정도 되지만, 내가 처음 일을 시작했을 때는 플라스틱은 고물이 아니었다. 어느 고물상도 플라스틱을 고물로 받아주질 않았고, 오직 환경재생공사만 플라스틱을 아주 저렴한 가격으로 쳐줬는데 2.5톤 트럭 한 차 가득 실어가면 7천 원을 벌었다. 결국, 환경재생공사까지 가는 휘발유 값이 더 많이 나오는 꼴이었지만, 나는 그래도 플라스틱을 모아 환경재생공사에 가져갔다. 다른 고물들은 죄다 가져가면서 플라스틱은 싫다고 안 가져가는 건, 거래처와의 관계에서 도리가 아니라고 생각했기 때문이었다. 만약 플라스틱을 안 가져갔다면 거래처와의 관계는 소원해졌을지도 모르고, 그럼 거래가 끊겼을지도 모른다. 하지만 난 그런 일을 겪지 않았으니, 휘발유 값 나가는 것도 마다하지 않은 채 2.5톤 트럭에 플라스틱을 한 차 가득 실어 환경재생공사로 향했던 것이다.

가능성이 있는가:
철저히 현실에 기반을 두고 꿈을 꿔야 한다

요즘 젊은이들은 참 대단하다. 10대에 사장님 소리를 듣기도 하고 스포츠에서 세계 챔피언이 되기도 한다. 뛰어난 열정이고 엄청난 결과다. 내가 10대, 20대였을 때와 비교해본다면, 스케일 자체가 굉장히 커진 듯하다. 그런데 가만 보면, 그 커진 스케일이 좋은 쪽으로도 영향을 미치지만 나쁜 쪽으로도 영향을 미치는 것 같다.

"연봉 3천만 원 이상 주는 회사 아니면 다니고 싶지 않아요."

이런 얘기 하는 젊은이들이 심심치 않게 있다고 하는데, 내가 볼 땐 그러다가 평생 취직 못 할 수도 있고, 좋은 취직 기회를 놓칠 수도 있다. 손가락만 빨면서 계속 연봉 3천만 원을 외칠 것인가? 그 전에 현재 자신이 연봉 3천만 원을 받을 만큼의 자질을 갖추고 있는지 냉정하고 현실적으로 체크해봐야 한다. 그 정도의 자질을 갖추지 못하고 있다면, 좀 더 낮은 연봉의 회사에 취직해 현장 경험을 쌓고 경력을 쌓는 게 나을 것이다.

그 외에 직장 다녀봤자 돈 몇 푼이나 벌겠냐면서 사업을 꿈꾸는 젊은이들도 많은 것 같다. 문제는 별로 돈 벌어본 경험도 없으면서 막연히 사업을 하겠다는 사람들이다. 더욱이 그런 사람들 대부분이 부모님이 사업 자금을 대주길 바란다. 실제 손도 내민다고 한다. 자식에게는 무조건적으로 희망적인 부모님들은 대뜸 사업 자금을 대주기도 하신다. 그러나 경험 없는 시도가 낳을 결과는 뻔하다. 그러다 잘못되면 집안이 거덜 날 수도 있다.

하지만 정신이 똑바로 박힌 대다수 사람들은 가능한 한 스스로 자금을 모아 사업을 하려고 한다. 그런데 어렵게 돈을 모아 사업을 시작하는 것까지는 좋은데, 시류에 편승해서 사업 아이템을 선택하는 건 바람직하지 않은 것 같다. 뭐가 떴다 하면 우르르 그리로 다 몰리는데, 그럼 자연히 동종 업종에서 경쟁하는 사람이 많아지게 되는 것이니 돈 버는 사람보다 실패하는 사람이 더 많아질 수밖에 없다. 다른 사람 눈에 그럴듯하고 돈 잘 벌 것처럼 보이는 아이템 말고 자기가 정말 좋아하고 잘할 수 있는 일을 찾는 게 중요하다고 생각한다. 그리고 그 일을 찾았으면 바로 창업을 하기보다는 먼저 그 일의 고수를 찾아서, 그 고수 밑으로 들어가 가르침을 받길 권한다.

"그 고수가 싫다고 하면 어떡하죠?"라고 묻는 분도 계실 텐데, 그렇다면 도리가 없기는 하다. 하지만 이 또한 열정의 문제가 아닐까 싶다. 열정이 있고 그 열정을 보여준다면 기회가 주어질 수 있다. 실제 내가 열정을 보고 기회를 준 경험이 있기 때문이다.

방송 출연을 한 후로 많은 사람이 일을 배우고 싶다며 찾아왔었다. 김주열 씨도 그런 사람 중 하나였다. 그는 1톤 트럭에 헌 옷을 싣고 찾아와 대뜸 일을 배우고 싶다고 했다.

"제가 예전에는 건달에다 술에 절어 사는 구제불능 인간이었거든요. 그러다 우연한 기회에 종교를 갖고 마음을 다잡아 새사람이 됐죠. 지금은 헌 옷 장사를 하는데, 본격적으로 사장님 밑에서 고물상 일을 배워보고 싶네요."

김주열 씨 몸 여기저기에 나 있는 흉터와 문신들을 보며 잠시 할 말을 잃었던 나는 이런 겁나는 사람을 직원으로 둘 수는 없다고 판단했다.

"제가 볼 때는 저희랑은 안 맞으시는 분 같네요. 저는 일 열심히 하는 성실한 사람이 필요합니다."

그 말에 한동안 무섭게 빤히 나를 쳐다보던 김주열 씨는 저벽

저벅 냉장고 앞으로 걸어가더니 허락도 안 했는데 벌컥 문을 열고 안에서 캔맥주를 꺼냈다.

"저 술 끊었는데 사장님 때문에 다시 마시게 됐습니다."

벌컥벌컥 맥주를 들이켠 김주열 씨는 그대로 트럭을 몰고 가버렸다.

그걸로 끝인 줄 알았건만, 그 후로 김주열 씨는 계속해서 헌 옷을 싣고 찾아왔다. 한번 오면 바로 가지도 않았다. 괜히 우리 직원들이랑 이런저런 얘기를 나누면서 친한 척을 했고, 여러 가지 장기를 보여주며 직원들의 환심을 사는 행동들을 꾸준히 해나갔다. 그러다 보니 어느 틈에 우리 공장 식구라도 된 듯한 분위기가 조성됐고, 결국 나는 그의 열정에 두 손을 들고 그를 받아주었다.

나보다 두 살 위인 김주열 선배는 1년 넘게 중리동 공장에서 지독하고 근성 있게 일을 배운 결과 평택에 세를 얻어 평택 〈석수자원〉을 열었다. 그 후 또 지독하게 열심히 일해 도로변 6백 평 규모의 부지로 공장을 넓혔고, 지금은 그곳에서 그만의 〈석수자원〉을 꾸려가고 있다.

처음에 나는 김주열 선배가 참 못 미더웠다. 하지만 선배는 거부하는 내게 자신의 열정을 끊임없이 포기하지 않고 보여주었고 그로 인해 끝내 내 마음을 움직인 것이다. 비단 내 마음뿐만 아니다. 열정만 있으면 누구의 마음도 움직일 수 있다고 본다. 열심히 살아보려는 사람을 싫어할 사람은 없다. 더구나 나를 고수로 떠받들고 배움을 청하는데, 누군들 그 사람을 거절하겠는가.

장인어른 밑에서 내가 그랬던 것처럼 고수 밑에서 사투를 벌이듯 일을 배웠다면, 창업을 해도 될 것이다. 하지만 그때부터 새로이 노력할 필요가 있다. 누구 밑에서 배우는 것과 막상 자기가 직접 하는 것은 다르기 때문이다. 또한, 다른 환경에서 창업을 하는 것인 만큼 그 환경을 제대로 파악하는 것이 우선 중요하다.

1톤 장사를 할 무렵 아내와 나는 일이 없는 날이면 주먹밥과 물을 싸 들고 이웃 도시들을 차례로 돌면서 그곳의 고물들도 줍고, 그 지역의 고물상들을 방문해 각각의 특색을 알아냈다. 품목별 단가가 어떻게 다른지 비교했고, 고물상 사장님 이름이며 전화번호를 단가와 함께 메모했다. 그러면서 어떤 고물상이 파지가 전문인지 고철이 전문인지를 알게 되었고, 어떤 품목의 단가는 어느 고물상이 더 높은지를 알아내 그다음부터는 가격을 더 쳐주는 고물상을 찾았다.

이렇듯 고수로부터 좋은 가르침도 얻고, 주변 파악도 철저히 제대로 했다면, 이제는 늘 배우는 자세로 일해야 한다. 나 역시 그랬다. 대부분의 사람들이 고물하면 고리타분하고 늘 똑같을 것 같은 이미지를 떠올리는데, 알고 보면 고물은 변화무쌍하다. 경기의 흐름도 많이 타고, 시대에 따라 고물의 품목 또한 다양해진다. 그걸 파악하지 못한 채 넋 놓고 있다 보면 좋은 고물도 놓치게 되고, 좋은 거래처도 놓친다. 그런 실수를 범하지 않기 위해선 많이 알아야 하고 늘 흐름을 주시해야 한다. 아마 다른 업종도 비슷하리라 생각된다. 그러니 다 안다고 방심해서 좋은 손님과 좋은 거래처를 놓치는 실수를 범하지 말고, 늘 배우는 자세로 일하라.

   우리는 늘 꿈을 꾼다. 이 순간 성공한 사장님을 꿈꾸는 사람은 또 얼마나 많겠는가. 하지만 허공 위를 붕붕 떠다니는 꿈은 몽상일 뿐이다. 꿈은 철저히 현실에 굳게 발을 딛고 선 상태에서 꿔야 어느 순간 꿈이 현실이 된다. 근거 없는 희망에 사로잡혀 무턱대고 창업을 하기보다는 그 전에 자기 자신이 처한 현실을 제대로 파악하고 있는지부터 자문해봐야 할 것이다.

기본은 기본이다:
결국은 성실함이요, 남는 건 신용뿐이다

 고물이 새로운 물건으로 탄생하기까지 몇 단계의 고물상들을 거쳐야 한다. 간단히 순서를 요약하면, '리어카나 1톤 장수-소상-중상-압축장-대상'의 고물상들을 거쳐서 대상이 고물들을 공장에 팔면, 그 고물들이 공장에서 녹여지고 재가공 돼서 새로운 물건으로 탄생하게 되는 것이다.
 현재 우리 석수자원은 규모나 시설 면에서 중상과 압축장 중간쯤에 위치한다고 볼 수 있다. 중상과 압축장의 가장 큰 차이는 압축 기계를 갖추고 있느냐로, 우리 같은 경우는 모은 파지들을 그대로 파는 반면, 압축장은 압축 기계를 통해 파지들을 압축해 판다.

그런데 리어카나 1톤 장수부터 시작해 차근차근 단계를 밟아 압축장이나 대상에 이르는 경우는 거의 없는 편이다. 대개의 압축장이나 대상들은 기업에 의해 운영되거나 자산가의 투자로 운영되는 편이다. 바로 그 점에서 나는 자부심을 갖고 있다. 나처럼 용달차로 고물상을 시작하면 일반적으로 50대가 돼서야 중상을 넘어설 수 있으니, 나 같은 경우는 단기간에 많은 성과를 이룬 셈이다. 물론 그만큼 일찍 고물상을 시작했기 때문이기도 하지만, 또한 그만큼 열심히 했기 때문이기도 하다.

그러나 열심히 일한다는 게 말처럼 쉽지가 않다. 때로는 괄시받아 서럽고 무시당해 눈물 나고, 그래서 그 순간 엄마 아빠가 보고 싶어지기도 한다. 내 인생이 너무 처량하게 느껴지기도 할 것이다. 나 역시 그랬다. 특히 고물 일은 남들이 버린 물건을 취급하기 때문에 육체적인 힘들뿐만 아니라 심적으로도 시시각각 흔들리기가 쉽다. 다행히 나는 아내라는 든든한 버팀목이 있었고, 가장이라는 책임감이 있었지만, 그조차도 없는 분들은 더 이상 상처받고 싶지 않아서 그대로 주저앉고 싶기도 할 것이다. 내 동생 석하가 그랬다.

동생은 궁색한 가정 형편에 학교도 다니는 둥 마는 둥 했고, 불량한 친구들과 어울리기도 했다. 그런 동생에게 고물 일을 하자고 했으니 처음에는 단번에 거절을 당했었다. 하지만 일손이 필요했고, 그래도 믿을 만하고 쉽게 도움을 청할 수 있는 건 피붙이였기에 나는 대학가에서 닭꼬치 포장마차를 하는 동생을 매일 찾아갔다.

"언제까지 매일 파리만 날릴 건데? 너 이거 하루하루가 손해야! 형 따라다니면서 일당 벌이라도 해."

그렇게 꾀어서 고물상 일을 시작하게 된 동생은 종종 작업 나갔다가 일도 안 하고 도로 돌아왔다. 이유는 간단했다.

"남들 안 가져가는 쓰레기를 가져가라잖아! 미쳤다고 그런 일을 해!"

"내가 그 사장님께 물건 달라고 했고, 그래서 그 사장님이 연락 준 거야. 연락이 왔으면 가서 일을 해야지."

내 말에 동생은 도저히 수긍할 수가 없는 모양이었다.

"우리가 거지새끼야?! 형은 그렇게 살아도 난 그렇게 안살아!"

그런 문제로 나와 동생은 한때 꽤 옥신각신했었는데, 지금도 내 생각은 변함이 없다.

가봤더니 제대로 된 고물도 아니고 쓰레기만 있다면, 모멸감이 느껴질 수도 있다. 어쩌면 놀리기로 작정한 것일 수도 있다. 하지만 그때 발끈하면 상대와 똑같은 수준의 사람이 되는 거다. 또한, 상대는 그런 의도가 전혀 없었을 수도 있다. 일을 주려고 했는데, 어쩌다 보니 그런 일밖에 줄 수 없게 됐을 수도 있다. 상대의 사연까지 속속들이 알 수는 없지 않나? 그래서 결국 눈에 보이는 건 초라한 일일 뿐인데, 그럼에도 어쨌거나 일은 일인 것이다. 비록 보잘것없는 일일지라도, 일이 있기에 먹고살 수 있는 것이니 감사해야 할 일인 거다. 그러니 아주 야무지게 보란 듯이 일을 잘해야 한다. 그럼 상대는 당황할 수도 있고, 초라한 일을 줬다는 미안함에 다음번에는 더 번듯한 일을 줄 수도 있다.

그러니 흔들릴 때, 발끈하고 싶을 때 발끈하지 마라. 발끈하면 그걸로 그냥 끝이다. 기분만 나빠지고 아무것도 얻는 게 없다. 그러느니 호흡을 가다듬고, 모멸감을 준 상대에게 펀치를 날리듯 더 야무지게 일하라. 그래도 자꾸 발끈해지려고 들면, 내가 자주 사용했던 방법을 써보길 권한다. 어이없고 모멸감이 느껴지는 일을 당할 때마다 나는 생각했었다.

'반전을 보여주고 말 거야. 이게 끝이 아니라는 걸 나 스스로 증명해 보일 거야.'

이를 악물었고, 더 큰일을 당할 때는 또 이렇게 마음속으로 되뇌었다.

'더 큰 반전을 보여주려고 이런 시련이 주어진 거야. 두고 봐. 내가 어떤 놈인지 보여줄 테니까.'

그럼 없던 힘도 불끈불끈 솟았다. 그리고 수만 번의 그런 되뇜을 통해 나의 성실함은 다져졌고, 그래서 계속 일을 할 수 있었다. 결국, 성실함이 일을 이어지게 만든 생명줄이었던 것이다.

성실함을 통해 거래처와 일을 늘려갔다면, 그 기반 위에 신용을 쌓아가면서 재산을 늘려갈 수 있었다. 장사라는 게 성실함만으로는 승부가 나지 않는데, 그 이유는 돈이 개입되기 때문이다. 돈에는 단순히 액면가의 가격 경쟁뿐만 아니라 상대적인 가격 비교의 기준이 될 수 있는 품질 경쟁도 포함된다. 여기서는 신용의 밑거름인 품질 경쟁에 대해 얘기해보겠다.

최근 우리는 대림제지라는 큰 기업에 납품을 하게 되었다. 즉 우리 석수자원이 대림제지에 파지를 팔고, 대림제지는 그 파지를 재가공해서 새로운 종이로 만들어내는 거다. 이 책을 읽는 독자분들은 고물상에 대해 잘 몰라 그러려니 할 수도 있겠지만, 압축장이나 대상이 아닌 우리 같은 중상 수준의 고물상이 바로 공장에 납품한다는 건 굉장한 일이다. 우리가 그럴 수 있었던 가장 큰 이유는 신용 때문이었다.

대림제지에 납품하는 파지를 예로 들자면, 파지를 취급하는 고물상 중에 으레 물에 젖은 종이나 재활용이 안 되는 비닐 코팅된 종이들과 그 외에 파지가 아닌 것들을 이것저것 섞어서 무게를 늘리는 분들이 계시다. 그런데 그런 식으로 무게를 늘렸다고 해도 기술 시스템에 의해 결국 80~90% 정도만 파지임이 다 드러난다. 그럼 파지가 아닌 무게만큼 감량을 당하게 되기도 하는

데, 어떤 분들은 무슨 배짱이신지 계속 그런 식으로 파지 아닌 걸 넣어서 가져오신다. 그러면 더 이상 그분을 믿을 수 없게 되고, 결국 거래를 계속 이어가기가 어려워진다. 그에 반해 우리는 이물질 없이 거의 100퍼센트로 파지를 가져간다. 그러다 보니 당연히 신용이 쌓였고, 그게 소문이 나서 대림제지로부터 납품 의뢰를 받게 된 것이다.

계약 전에 대림제지 측에서 〈석수자원〉을 방문했을 때 사실 반응이 별로였다. 물건 좋다는 소문을 듣고 찾아왔지만, 기존에 대림제지가 거래하는 업체들에 비해 작업 공간도 협소하고 대상들이 보유하고 있는 포클레인도 없었기 때문이었을 것이다.

"물량 대실 수 있으시겠어요?"

반신반의하는 대림제지 담당자에게 난 걱정하지 마시라고 했다. 그리고 많은 우려 속에서 일을 시작한 우리는 현재 파지를 하나 가득 실은 25톤 화물차들을 매일 대림제지에 보내고 있다. 매일매일 그 정도의 물량을 납품할 수 있다는 건 중상 규모의 고물상 수준에서는 거의 상상하기 힘든 일이다.

"불가능을 가능으로 만들고 계시네요. 놀랍네요."

대림제지 관계자들의 말이다.

무엇 때문에 남들에겐 불가능한 일을 우리는 해낼 수 있는 걸까? 바로 우리의 성실성과 신용 덕분이다. 성실했고 신용이 있었기에 거래처가 늘어났고, 거래처가 늘어난 만큼 물량이 확보되었기에 하루도 거르지 않고 납품이 가능한 것이다. 우리는 또한 물량 대기에만 급급하지 않고 기존에 해왔던 대로 파지의 품질 역시 신경을 써서 납품하고 있다.

그 결과 대림제지에 납품하는 백여 군데의 업체 가운데 우리는 톱으로 평가받고 있다. 덕분에 현재 대림제지 직원들 사이에서 우리 석수자원은 신기한 업체이자 연구 대상인 업체로 회자되고 있다니 뿌듯한 일이 아닐 수 없다.

불가능한 일을 가능하게 만들고 싶다면, 당신 인생이 여기서 끝이 아니라는 걸 세상 사람들에게 보여주고 싶다면, 첫째 순간적인 감정에 치우쳐 발끈하지 말고 이 악물고 성실할 것이며, 둘째 주변 사람들에게 신용을 쌓아라. 이때 신용은 당연히 성실함이 밑바탕에 깔려 있어야지 얻어지는 것이다.

꽃보다 긍정이다:
비를 피하는 법이 아니라
빗속에서도 춤출 줄 알아야 한다

사업을 하든 직장 생활을 하든 위기는 찾아오기 마련이다. 그렇다면 위기를 날려버리는 방법은 무얼까? 간단하다. 처음부터 위기가 안 오게 하면 되는데, 그게 참 어렵다. 그래서 대부분의 사람들은 위기를 겪고 난 후 경험을 통해 그 방법을 터득하게 된다. 하지만 굳이 직접 체험할 것은 없다. 나의 이야기를 통해 위기를 간접 체험하고, 미리미리 위기가 안 오도록 손을 써보시라.

2008년 겨울 무렵이 내 고물상 인생의 최대 위기였다. 2006년에 방송을 탔고, 그 덕에 대기업 하청업체 일을 맡게 되면서 돈을 꽤 벌었다. 2008년 봄과 여름만 해도 경기가 참 좋았다. 하는 일마다 술술 잘 풀리다 보니 평생 그렇게 승승장구할 줄 알았다. 그런데 그게 아니었다. 한 치 앞을 모르는 게 인생이었다.

당시 돈이 많아지자 내가 제일 먼저 한 일은 공장 이전에 박차를 가한 것이었다. 중리동 공장은 진입로가 작아 트럭이 들어오다 몇 번 돌담을 무너뜨리기도 했었고, 5톤 트럭 이상은 들어올 수가 없어 작업할 때 어려운 점이 많았다. 또한, 동네 한가운데에 위치해 있기 때문에 소음이나 먼지 등의 문제도 있었다.

1년 동안 공장 부지를 찾아다닌 끝에 계륵리 언덕 땅을 샀고, 언덕을 깎아 공장을 지을 때 대기업 하청업체 일을 관두게 되었다. 관두기 얼마 전에는 작업용 기계를 잘못 사는 바람에 고스란히 4천만 원을 날리기도 했다. 거기다 고물과 관련된 다른 사업 제안을 받고 서울에 사무소까지 열었는데, 일이 지지부진해지면서 1억 5천만 원 정도의 손해까지 봤으니, 몇 달 사이에 계속 돈만 날리는 꼴이 된 것이다. 그걸로 그쳤으면 그나마 나았을 것이다. 헌데 공장을 짓고 있는 상황에서 마침 철근 콘크리트 파동이 일어나는 통에 뜻하지 않은 타격까지 받게 됐다. 돈 잘 벌 때는 의식을 못 했는데, 돈이 좀 나가기 시작한다 싶더니 눈 깜박할 사이에 큰돈이 날아가 버렸다.

얼마 못 가 2008년 겨울에 금융위기가 찾아오면서 이번엔 경기가 극도로 악화됐다. 고물은 경기에 아주 민감하다. 그래서 일반인들이 불황이냐 호황이냐를 체감하기 전에 고물상들은 미리 경기를 예측할 수 있을 정도다. 왜냐하면, 예를 들어 구조조정이 있다고 치자. 구조조정으로 인한 경제 파급 효과가 일반 소비자들에게 미치기도 전에 먼저 구조조정을 한 공장이 생산량을 줄여버린다. 이 말은 대상이 공장에 납품하는 물량이 그만큼 줄어든다는 얘기인데, 그럼 대상은 고물 단가를 낮춘다. 그럼 대상 밑에 있는 압축장, 중상, 소상이 줄줄이 단가를 낮추게 된다. 어느 때는 전 품목 단가가 일제히 우수수 떨어지는 경우도 있다.

 2008년도 겨울이 그랬다. 그때 고물상들이 너나 할 것 없이 힘들었다. 경기가 안 좋으니 고물 단가가 폭락했고, 거래 물량도 뚝 떨어졌다. 무리하게 물건들을 많이 쌓아놓고 있던 고물상들은 특히 자금 회전이 안 돼 극심한 고통을 받았다.

 우리도 마찬가지로 많이 힘들었다. 늘 발전만 해왔던 나로서는 위기에 대한 면역력이 없었기 때문에 그만큼 타격을 크게 받았다. 그때까지 직원들 월급 한 번 밀려본 적이 없었고, 늘 당일 결제를 하기 때문에 여유 현금을 꽤 보유하고 있었는데, 거래처들이 죄다 힘들다 보니 거래처로부터 입금이 안 됐고 자연히 우리도 결제해줄 돈이 없게 됐다. 흡사 도미노 게임처럼 와르르 무너지고 주저앉는 실정이었다.

 그동안 들었던 보험 모두를 해약했고, 아내는 몰래 갖고 있던 비자금도 다 내놓아야 했다. 그래도 돈이 부족했다. 생전 안 받아본 독촉 전화가 수시로 걸려왔고, 그게 몇 달이나 계속되니 숨이 안 쉬어지면서 전화벨이 울리면 깜짝깜짝 놀라며 긴장부터 되곤 했었다.

'어떻게 나한테 이런 일이 생겼지? 이거 꿈 아닐까?'

하루에도 몇 번씩 그런 생각을 했고, 눈앞이 캄캄해진다는 게 어떤 건지 실감이 났다.

그러던 어느 날 너무 괴로운 나머지 다른 고물상 사장님과 술을 마셨는데, 힘들다는 내 하소연을 잠자코 들어주시던 그 사장님께서 내게 이런 조언을 해주셨다.

"마냥 힘들다, 힘들다, 하면서 이 시간을 허투루 보내지 말고. 큰 경험 한다고 여기고 뭐가 잘못됐는지를 먼저 생각해봐. 그리고 나중에 다시 같은 일 반복되지 않게만 하면 돼."

가만 사장님의 말씀을 곱씹으면서 내가 무슨 잘못을 했나 떠올려봤다. 가장 큰 잘못을 꼽자면, 지나치게 자신감이 넘쳤던 게 아니었을까 싶다. 모든 일이 잘되다 보니 영원히 잘될 줄 알았던 게 실수였다. 공장 이전이야 언제고 해야 할 일이었으니 그건 시기가 안 맞았다고 볼 수도 있었다. 하지만 새로운 사업 제안을 받아들여 거금을 날린 것은 그때의 내 진심과 상관없이 어찌 됐든 내 책임이 크다고 봐야 옳을 것이다. 좀 더 살피고, 좀 더 체크를 했어야 했다. 새로이 일을 벌이기보다는 기존에 해오던 일에 더 집중을 했어야 했다.

다른 고물상 사장님들을 봐도 위기가 오는 이유는 별반 다르지 않은 것 같다. 뭔가 새로이 일을 벌이고 본업에 충실하기보다는 앞뒤 생각 없이 뭔가에 크게 투자를 하면, 잘될 때는 무척 잘되지만, 어느 한순간에 위기가 찾아들면 그대로 확 꺾어져버린다.

거래처도 큰 업체를 잡았다고 만족해버리는 순간 위기가 오기 쉽다. 영원히 그 업체와 거래를 하면 좋지만, 큰 업체는 그만큼 조건이 까다롭기 때문에 여차 잘못하면 일을 못 하게 되기 쉽다. 그때 다른 거래처들이 확보되어 있지 않으면 타격을 크게 받게 된다. 그래서 나는 큰 업체와 새로 거래를 하기보다는 그만그만한 다수의 업체와 거래를 유지하려 애쓰는 편이다. 그래야 한 업체와 거래가 끊어지더라도 피해를 줄일 수 있기 때문이다.

또한, 경기를 가장 먼저 느끼는 업종인 만큼 늘 단가나 주변 상황을 체크하고, 그 결과를 토대로 물건 구매량도 조절하고 허리띠를 졸라매기도 하면서 위기가 발생하지 않도록 노력하고 있다.

그럼에도 피할 수 없는 위기도 있다는 건 인정한다. 아무리 성실하게 늘 앞뒤 체크해가면서 일을 한다고 해도 주변의 상황이 나를 위기로 몰아넣는 경우가 살다 보면 있다. 그때는 또 최선을 다해 위기를 타개하려고 애쓰되, 너무 자기 탓만을 할 필요는 없는 것 같다. 잘못이 있으면 인정하고 바로 잡는 것이 중요하지 마냥 내 탓이오, 내 탓이오, 하는 것은 건강에 좋지 못할뿐더러 괜한 에너지 낭비이며, 위기를 헤쳐나가는 데 별반 도움도 못 된다. 그럴 때는 다시 힘을 내기 위해서라도 잠시나마 현실을 잊고 스트레스를 날려버려야 한다. 어떻게 날려버릴지는 각자 방법이 다르겠지만, 내 방법은 춤이다.

원체 일만 하다 보니 지금도 별다른 취미가 없고, 근무시간 후에는 거래처와의 약속이 많아 따로 무얼 배울 시간도 없다. 건강을 위해 작업장에서 지금도 양손에 20킬로그램짜리 바벨을 들고 운동을 하기는 하지만, 그게 재밌지는 않다. 그러던 차에 몇 년 전 뒤늦게 배슬기 복고 댄스를 인터넷으로 접한 나는 스트레스를 날릴 알맞은 방법으로 춤을 선택하게 되었다. 뭐든 한 번 흥미를 갖기 시작하면 중간에 멈추지 못하고 파고드는 성격답게 배슬기 복고 댄스를 마스터한 뒤 나는 인터넷으로 각종 춤 동영상을 검색해 다양한 춤을 섭렵했는데, 춤출 때만큼은 모든 잡생각이 사라져 좋은 것 같다.

"우리 신랑 춤꾼 다 됐네!"

가끔 놀리듯 말하는 아내도 실상 내가 춤추는 걸 좋아하고, 그렇게라도 내가 스트레스 풀 방법을 찾은 걸 다행으로 여긴다.

직원들의 호응은 가히 폭발적이다. 회식 후 다음 날 일에 지장이 없겠다 싶으면 노래방이나 나이트클럽에 가는데, 그때 난 어김없이 춤을 춘다. 정신없이 춤을 춰대는 내 모습이 우리 직원들 눈에는 그렇게 재밌나 보다.

"최고! 완전 최고!!"

직원들이 환호하며 즐거워하니 난 더 신이 나서 춤을 춰댄다. 그렇게 춤추고 놀 때만큼은 온갖 걱정을 잊고 춤추고 노는 것에만 집중하려고 한다. 그럼 다시 작업장에 돌아왔을 때 몸도 개운해지고 머릿속도 깨끗해지는 느낌이다. 나 자신도 모르게 위기를 타개할 에너지가 비축된 것이니, 이제 힘을 내고 정신을 집중해 잘못된 문제를 바로잡고 앞으로 나아가기만 하면 되는 거다.

잘못이 내게 없다면 위기 상황이 지나가길 기다리는 인내심과 지혜가 필요하다. 파도를 맞아봐야 파도를 견딜 수 있듯이 위기로 인해 나 자신이 더 단련된다고 생각하며 위기를 즐기라. 그리고 지쳐 나가떨어지지 않도록 자신에게 알맞은 스트레스 푸는 방법이나 취미를 꼭 한두 개쯤은 갖기를 권한다.

월요일이 두렵지 않다:
직원을 만족시키면 고래도 춤춘다

직원이 없었을 때는 나만 잘하면 됐다. 하지만 지금은 나와 아내를 포함해 열세 명 모두가 석수자원의 얼굴들이기 때문에, 그 얼굴들이 거래처 사람들과 고객들을 대할 때 밝은 에너지를 낼 수 있도록 신경을 써야 한다. 그게 사장의 역할이다. 하지만 사장이 할 수 있는 역할에도 분명 한계는 있다. 그래서 모든 사장님들이 다 그렇겠지만, 나 역시 기본적으로 인성이 꽝인 사람은 채용하지 않는다. 그 외에 대뜸 이런 얘기하는 사람도 꺼린다.

"돈 벌고 싶어서 왔어요. 월급이 몇백이라는 소리 들었거든요."

물론 돈은 중요하다. 괜히 일하는 거 아니고 돈 벌기 위해 일한다는 것도 맞는 얘기다. 문제는 돈이 목적인 사람들은 더 많은 돈을 주고 더 좋은 조건을 제공한다는 데가 나타나면, 바로 돈을 좇아 그곳으로 옮겨 간다는 것이다. 그렇게 옮겨 가버리면, 그때까지 고물상으로 키워보려 애썼던 나도 손해지만, 더욱 큰 손해를 입는 건 당사자다. 그 사람은 언제까지고 돈을 좇아 이리저리 옮겨 다닐 테고, 그럼 내세울 만한 자기만의 이력 없이 어떤 분야에서도 전문가가 되지 못할 것이기 때문이다. 과거의 나처럼 계속 신입 인생만 살게 된다는 건데, 그게 결국 손해다. 돈을 조금 못 벌더라도 이 악물고 버텨서 전문가가 되는 게 장기적으로 더 큰 이득을 보장해준다. 그러니 거듭 또 강조하는데, 돈을 좇지는 마시라.

"월급이 얼마예요?"라고 묻는 분들도 계시는데, 석수자원에 정해진 월급은 없다. 즉 신입은 월급이 얼마고, 3년 근무하면 월급이 얼마 더 많아진다는 식의 고정된 임금체계가 우리 회사에는 없다. 그 이유는 내가 월급쟁이라는 말을 싫어하는 이유와 같다.

월급쟁이는 매달 월급을 받는 사람들을 낮추어 부르는 말이다. 왜 낮춰 부르게 된 걸까? 난 월급만 바라보고 한 달을 살아가는 사람이라는 의미가 월급쟁이란 말에 내포되어 있기 때문이라고 생각한다. 얼마의 돈을 주기 때문에 고용하고, 얼마를 받기 때문에 일한다는 식의 노동 계약 관계가 나는 별로다. 무엇보다 그 얼마라는 게 근거가 명확하지 않기 때문이다.

 대부분의 회사는 임금체계가 있어서, 몇 년 차면 어느 정도 연봉을 받을지가 대략 정해진다. 하지만 난 한 사람의 노동력의 가치를 그렇게 산정해서는 안 된다고 생각한다. 물론 많은 사람을 관리해야 하는 상황에서 어쩔 수 없이 그런 임금체계로 운영될 수밖에 없는 부분도 있을 것이다. 하지만 나까지 따라 할 필요는 없다고 본다.

 우리 회사는 능력에 따라 월급이 달라지기 때문에 직원들 모두 월급이 다 다르다. 첫 월급은 1~3개월 동안의 수습 과정을 거치면서 어느 정도 일하는가를 보고 결정된다. 즉 처음부터 정식 직원으로 채용되는 게 아니라 아르바이트 과정을 거친다는 말이다. 그 과정이 도입된 이유는 월급을 정하기 위해서이기도 하고, 아울러 정말 고물상 일을 할 생각이 있는지를 나도 직원도 함께 체크할 시간을 갖기 위함이다.

 수습 과정에서는 내가 직접 아르바이트로 채용된 직원을 데리고 다니면서 하나하나 가르친다. 운전도 내가 하고, 집게질도 내가 하면서 직접 일하는 걸 보여준다. 그때는 말도 많이 한다. 고물상의 장단점과 일할 때의 자세뿐만 아니라 왜 이 일을 해야 하는지를 포함한 전반적인 내 인생 철학에 대해 이런저런 얘기를 해준다. 이게 석수자원의 직원 교육 방식이다.

그렇게 수습 과정을 거쳐 월급이 정해지면, 그 월급은 3개월에 한 번씩 변화된다. 즉 3개월 동안 자신의 노동력 가치를 더 높게 보여준 사람은 그에 합당한 대가로 월급이 올라간다. 똑같은 노동력 가치만 보여준 사람은 월급이 변화 없이 그대로 간다.

그러다 보니 월급과 근속 연수 사이에 큰 상관성이 없어진다. 실제 근속 연수가 적은 직원이 오래 근무한 직원보다 월급이 더 높기도 한데, 월급이 비공개이기 때문에 그 사실은 나만 알 뿐이지 직원들은 서로 잘 모른다.

난 이런 임금체계가 바람직하다고 생각하고, 직원들 역시 이에 만족해한다. 열심히 일하고 싶게 만들기 때문이다. 바로 그런 이유로 우리 직원들은 정해진 한 달 월급만 바라보며 하루하루를 살아가는 월급쟁이가 아니다. 우리 직원들은 미래를 바라보고 일한다. 자신의 노동력 가치를 증명해 보이고, 그에 따른 대가를 얻는다. 대가가 주어지니 열심히 일하게 되고, 그러니 고객들의 만족도 역시 당연히 높아진다.

일을 잘하는지와 더불어 수습 과정에서 내가 가장 관심을 두고 체크하는 사항은 그 직원의 사정이다.

"미혼인데 부모님이랑 같이 지내요? 혼자 자취해요?"

이런 걸 묻는 게 때로는 실례가 될 수도 있겠지만, 나한테는 꼭 미리 알아두어야 할 점들이다. 왜냐하면, 직원들의 생활 여건이 나쁘면, 활기차게 근무하는 데 무리가 있을 수 있기 때문이다. 그래서 직원들이 편한 환경 속에서 살고 있는지를 확인하고, 그렇지 못한 직원에게는 기숙사를 제공한다.

기숙사는 안성시 미양산업단지에 위치한 제3공장에 있는데, 생활 여건이 그리 나쁘지 않더라도 혼자 자취를 하고 있는 직원에게는 기숙사 생활을 권하는 편이다. 방값으로 한 달에 월세 30~40만 원에다 세금까지 내고 나면 생활이 빠듯해지기 쉽지만, 기숙사 생활로 그 돈이 절약되면 분명 직원들은 흥이 나 더 신 나게 일할 것이기 때문이다.

"전기세가 120만 원이 나왔어."

지난겨울 기숙사에서 사용한 석 달 치 전기세를 확인한 아내는 입이 떡 벌어졌었다. 하지만 그 비용은 우리가 감당해야 할 부분이라는 걸 나도 아내도 안다. 추운데 어쩌란 말인가. 따뜻하게 생활해야 근무할 때 집중해서 더 잘 일할 수 있고, 그래야 고객들의 만족도도 따라서 높아진다.

석수자원 직원이 되면 기숙사와 함께 제공받는 게 용달차다. 용달차의 용도는 첫째, 출퇴근용으로 차 가지고 다니면서 편하게 출퇴근하라는 것이고 두 번째, 출퇴근할 때 고물이 보이면 수거하라는 거다. 물론 강제적이지 않다. 원하는 사람은 하라는 건데, 내 동생을 포함해 대부분의 직원들이 출퇴근할 때 용달차로 고물 수거를 한다. 수거한 고물은 석수자원에든 다른 고물상에든 팔수가 있으니, 용돈 벌이 정도의 돈벌이는 되는 셈이다. 출퇴근용을 겸해서 용돈 벌이 할 차를 제공하는 회사, 객관적으로 괜찮지 않은가?

"괜찮기는 직원들이야 괜찮지. 그거 너한테 하등 괜찮은 거 아냐. 네가 미치지 않고서야 직원들한테 그렇게 해줄 필요가 없단 말이지."

 이런 소리 정말 많이 들었는데, 틀린 점도 있고 맞는 점도 있다. 틀림 점은 직원들에게 잘해주면 나한테도 괜찮다는 것이다. 그만큼 직원들 사기가 올라가서 일을 잘하기 때문에, 거래처도 물량도 늘어난다. 맞는 점은 미쳤다는 거다. 그렇다. 난 직원들과 함께하는 일에 미쳤다. 미쳤기 때문에 일 잘하고 일 열심히 할 수 있는 거라면 뭐든 물불 안 가리고 한다. 그래서 직원들한테 쓰는 돈이 아깝지 않다. 그 돈은 투자이지, 낭비하는 게 아니기 때문이다. 난 이런 석수자원이 일할 맛 나는 회사이자 고객이 만족하는 회사라고 자부한다. 남들 부러워할 만큼 대상과 공장에 직납하는 것은 물론 직원 중 장기 근속자가 많다는 사실 역시 일할 맛 나는 회사라는 사실을 증명한다고 본다.

순리를 따르라:
마진 없는 장사를 하라

　장사를 하고 직장을 다니는 목적은 돈을 벌어 잘 먹고 잘살기 위해서다. 하지만 잊지 말아야 할 점은 돈은 일한 결과로써 주어지는 것이지, 일 자체를 돈과 일치시켜 생각해서는 안 된다는 것이다. 즉 일할 때마다 '이 일이 돈 얼마짜리다' 혹은 '이 일을 하면 돈 얼마를 벌 수 있다' 식으로 생각하는 건 좋지 않다. 그런 식으로 생각하다 보면, 자연히 일보다는 돈에 더 집중하게 된다. 돈에 초점이 맞춰지니 단가가 낮은 일은 하기 싫어지고 안 하려고 들게 되고, 어떡하든 조금이라도 단가를 더 높게 부르려 든다. 그럼 그 당장에는 높게 단가를 부른 만큼 돈을 더 벌 수 있을지도 모르고, 신이 나 장사는 이렇게 하는 거라며 의기

양양해할 수도 있다.

　문제는 그걸로 끝이 되기 쉽다는 것이다. 나에게 돈이 중요한 만큼 상대에게도 돈은 중요하다. 대한민국 성인 남녀치고 돈 개념 없는 사람 거의 없고, 다들 같은 물건이면 싼 곳을 찾는다. 더욱이 요즘은 인터넷 시대라 가격 정보는 손바닥 들여다보듯 훤히 알 수 있다. 그러니 한 번은 속아서 더 많은 돈을 지불할 수도 있겠지만, 그 후로 고객은 필시 더 가격이 낮은 곳을 알게 될 것이고 그럼 다시는 돈을 많이 지불한 곳과 거래를 하지 않으려 들게 될 거다. 그뿐만 아니라 그 고객이 잠재적 다른 고객들에게 "거긴 비싸기만 해"라고 말하거나 블로그에 비난성의 후기라도 올린다면 타격은 더 커진다.

　그래서 나는 무슨 일이든 처음 시작할 때는 일 자체에 집중하고 마진 또한 거의 없게 가는 게 낫다고 생각한다. 사업 초기에는 무엇보다 나를 최고의 좋은 이미지로 알리는 게 가장 중요하기 때문이다. 그래야 찾아주는 사람이 많아지고, 거래처가 늘어난다.

　내 경우 고물상 초창기에 마트나 공판장 거래처를 늘릴 수 있었던 이유는 서비스 때문이었다. 그런데 따지자면 그 서비스가 돈이 들어가는 서비스였다.

　당시 대부분의 고물상은 쓰레기는 남겨둔 채 돈 되는 고물만 가져갔다. 모든 고물상이 그러니 고객들도 그러려니 했다. 그때 나는 고물만 가져가지 않고, 내 돈 주고 쓰레기 봉지를 사서 남은 쓰레기까지 싹 다 치웠다. 다른 고물상들이 투자하지 않는 노동력을 투자한 것이었고, 또한 쓰레기 봉지 값을 투자한 것이었다. 통장 잔고가 몇 만 원이었을 때였기 때문에 봉지 값은 내겐 큰돈이었다. 하지만 생활비 아낀 돈과 고물 팔아 남은 돈으로 쓰레기 봉지를 샀고, 그래도 감당이 안 돼 쓰레기가 가득 차 있지 않은 쓰레기 봉지를 발견하면 그 봉지에 우리 쓰레기를 채워 쓰고는 했다.

그렇게까지 뒤처리를 깔끔하게 한 결과 나는 특별한 고물상으로 고객들에게 기억되었고, 여기저기 거래처가 늘어났다. 더구나 마진이 거의 없는 단가로 고물을 샀으니, 어느 고객이 좋아하지 않겠는가. 그랬기에 여기저기 소개를 받으며 고객을 늘려 갈 수 있었던 것이다.

어떤 일이든 시작할 때 손해를 봐야 나중에 성공할 수 있다. 이때 손해는 수익이 마이너스가 됨을 의미하지는 않는다. 즉 쏟아 붓는 노동량과 시간에 비해 수익이 못 미치기 때문에 노동량과 시간까지 따지면 수익이 마이너스나 다름없다는 의미에서 손해라는 얘기다. 그런데 손해를 보는 만큼 찾는 사람이 많아지고 일이 늘어난다. 그리고 일이 일정 수준 이상으로 늘어나게 되면 마진폭이 적더라도 물량이 많기 때문에 결과적으로 다른 사람보다 더 많은 수익을 내게 된다.

나도 처음 3년 동안은 거의 손해였다. 그때는 거래처 늘려가는 재미로 일을 했었다. 거래처가 늘어나는 만큼 내가 인정받는 기분이었기에 버는 돈이 적더라도 크게 개의치 않았다. 그렇게 물량이 늘어나고 3년이 넘어가면서부터는 지금까지 계속 수익이 늘어가고 있다. 한 줄 요약을 하자면, 돈을 좇지 않았더니 결국 돈이 따라왔다는 것이다.

그런데 대부분의 사람들은 적은 마진 폭을 상쇄할 정도로 일이 늘어나기까지를 견디지 못하고, 이런 생각들을 하기 쉽다.

'내가 이 고생하는 걸 누가 알아주는데? 다 필요 없어. 돈이 최고야!'

그러면서 돈을 좇게 된다. 그럼 거래처가 하나둘 떨어져나가고 찾는 손님들이 줄어들다가 결국 실패라는 결론을 내리고 장사를 접게 되는 것이다.

'누가 알아줄까?' 생각하기 쉽지만, 모든 사람이 다 알아주고 있다. 단지 표현을 안 하고 있을 뿐이고, 반응이 늦을 뿐이다. 고객으로부터 직접적인 칭찬을 받기까지는 시간이 많이 소요되지만, 고객들 등 돌리게 하는 데는 한순간이다. 아무리 그 전에 좋은 모습을 보였더라도 단 한 번 아닌 모습을 보이면 등을 돌릴 수 있는 게 고객이며, 거래처와의 관계다.

그러니 꾸준하게 마진 없고 성실한 모습을 계속 보여줘야 한다. 그럼 고객과 거래처는 당신 편이 되고, 그런 고객과 거래처가 늘어감에 따라 어느 순간 적은 마진 폭은 상쇄되어진다. 결과적으로 초반 손해는 투자가 되는 셈이다. 실제 내 돈을 쏟아붓는 투자는 아니니, 그나마 다행이고 좋은 일이라고 할 수 있다.

하지만 실제 돈을 투자하지 않고 일이 진행되기는 어렵다. 직원들 고용하고 장비를 사는 것 또한 투자라고 볼 수 있는데, 이런 투자하기를 망설이는 사장님들이 생각보다 많다.

"직원들이야 부리라고 있는 건데 왜 또 사람을 뽑아?"

"힘들긴 해도 손으로 다 할 수 있는 일이잖아? 왜 장비를 굳이 사? 그게 다 낭비야."

그런데 이렇게 말씀하시는 사장님들치고 성공하시는 분들이 별로 없다.

조금이라도 수익을 더 내기 위해 투자를 겁내고 돈 쓰기를 주저하다가 결국 수익이 줄어드는 꼴이 되는 것이다. 헛돈을 쓰자는 말이 아니며, 낭비하라는 말이 아니다. 일할 때 필요한 투자는 망설이지 말고 하라는 것이다. 인건비가 무서워서 직원들을 못 쓰는 사장님은 그만큼밖에 일을 못 하기 때문이며, 결국 그 사장님의 사업 규모는 현재 수준을 넘어서서 더 커질 수가 없다.
"고물상 하면서 무슨 열세 명이나 직원이 필요해?"
지금껏 이런 얘기 숱하게 많이 들었다. 하지만 난 당당하게 말한다.
"저는 그만큼 직원들을 쓸 만하기 때문에 쓰는 겁니다. 그 정도로 저희 일이 많습니다."
직원이 원래 많았던 건 아니다. 일이 많아서 직원을 더 고용했고, 직원이 느니 일할 수 있는 여력이 늘어났고, 그러다 보니 더욱 일이 많아지게 된 것이다.
불필요한 인건비는 낭비이지만 필요한 인건비는 투자다. 투자가 아까워서 더 큰 수익을 놓치는 실수를 범하진 말아야 한다.
장비도 마찬가지다. 우리 석수자원은 집게차가 4대인데, 한 대 가격이 1억 원 이상이다. 그런 집게차를 4대 갖고 있다는 게 다른 고물상 사장님들 눈에는 낭비 같아 보이나 보다. 하지만 장비가 없으면 일할 맛도 안 나고 능률도 오르지 못하며, 늘어나는 물량을 감당하기도 어려워진다. 문제는 물량을 감당 못 하고 일이 늦어지면 거래처가 더 먼저 눈치 채고 물량을 빼버린다는 점이다.
또한, 장비가 제대로 갖춰져 있지 않으면 사고가 일어나기 쉽다. 완벽한 장비를 갖추고 일해도 다치기 쉬운 게 고물상 일이다. 그만큼 위험하다. 직원이 사고를 당하면 마땅히 부담하게 되는 각종 비용 역시 만만찮은데, 그런 비용을 차치하고라도 최소한 사장이라면 장비가 없어서 직원이 사고당하는 일은 막아줘야 한다. 그게 사장의 도리라고 생각한다. 그러니 투자를 망설이지 마라. 투자가 곧 고객과 거래처를 끌어들이고, 결국 수익을 높여준다.

 마지막으로 위기를 겪지 않기 위해서라도 마진을 좇지 말아야 한다. 앞서 언급했듯이, 더 큰 수익을 내기 위해 애먼 투자를 하거나 본업과 별 상관없는 애먼 사업을 벌이면 위기가 찾아오기 쉽다. 남들 돈 많이 번다는 종목에 뛰어들었다가 괜히 손해 보지 말고, 초심을 잃지 말고 마진보다는 일 자체에 집중하라. 그럴 때 수익도 따라온다.

소통하는가? 호통치는가?
우리는 모두가 구원투수

"마냥 힘들다, 힘들다, 하면서 이 시간을 허투루 보내지 말고, 큰 경험 한다고 여기고 뭐가 잘못됐는지를 먼저 생각해봐. 그리고 나중에 다시 같은 일 반복되지 않게만 하면 돼."

한창 위기로 힘들어할 때 이렇듯 보물 같은 조언을 해준 고물상 사장님은 그날 술자리가 끝나갈 무렵 또 이런 말씀을 해주셨다.

"이럴 때 주저앉으면 사장 자격 없는 거야."

그야말로 머리털이 쭈뼛쭈뼛 서는 것 같았고, 다음 순간 나 자신을 반성하게 됐다.

'힘든 건 사장인 내가 감당할 몫이다. 굳이 나 하나 힘들다고 작업 분위기까지 망치려 들면 안 된다. 그럼 더 손해고 돌이킬

수 없게 된다.'

 그 후로는 내가 느끼는 불안감이나 압박감을 이 악물고 내색하지 않았고, 내 눈치 보는 직원들의 어깨를 두들겨주며 희망을 주려 애썼다.

 "우린 그나마 사정이 나아. 다음 달에는 지금보다 상황이 더 나아질 거니까 걱정하지 말고, 일이나 열심히 하자."

 말로 그쳐서는 안 되겠다는 생각에 회식도 자주 했고, 직원을 한 명 더 고용하기까지 했다. 다른 고물상들은 장비 타는 직원 빼고 거의 모든 직원을 내보낼 때였다. 하지만 나는 분위기 쇄신을 위해 다른 업체에서 내쫓긴 직원을 고용했다. 그건 내 자신감의 표현이기도 했다.

 '직원 늘린 만큼 나 이석수, 일 더 늘릴 자신 있어. 분명히 우리 상황 나아져.'

 물론 없는 자신감을 쥐어짠 거였지만, 직원들은 나의 마음을 알았는지 더 악착같이 모두 함께 열심히 일했고, 그 결과 서서히 위기에서 벗어날 수 있었다.

 직원들이 실수하거나 사고를 쳤을 때도 사장의 역할이 크다.

 트럭에 쌓은 물건에 전봇대의 늘어진 전선이 걸려 전봇대 두 개가 자빠진 적이 있었다. 사고 현장에 가봤더니 직원은 당황해 어쩔 줄 몰라 하고 있었다. 그때 사장은 야단을 치는 게 아니라

감싸 안아야 한다. 실수하고 사고 친 직원은 본인 스스로 잘못 했다는 걸 더 잘 알기 때문에 그걸 굳이 되새겨줄 필요는 없다. 되새겨주다 보면 괴로운 마음에 휩싸인 그 직원은 그날 하루 작업을 망쳐버리기 쉽고, 또 다른 실수나 사고를 저지르기도 쉽다. 사장의 역할은 그런 직원의 다운된 기분을 빨리 전환시켜주는 데 있다.

"오늘 작업 물량이 많았네. 많이 실었다."

나는 그 직원의 어깨를 다독여주었고, 보험사와 한국전력에 전화를 걸며 뒷수습을 담당했다. 그리고 그날 밤 회식을 하면서 수고 많았다고 직원들을 격려했다.

인간사가 그렇고 인간이 하는 거의 모든 일이 그렇지만, 특히 고물상은 혼자 하기 힘든 일이라 직원들끼리, 그리고 사장과 직원들끼리의 관계가 중요하다. 그 관계에 고물상만의 특이함이 개입되기 때문에 더 그렇다.

리어카 장수 정도는 혼자 일하는 게 가능할 수 있다. 하지만 1톤 트럭 고물상만 되더라도 대부분 부부끼리 혹은 형제끼리 일한다. 나 역시 아내와 일하다가 동생과 하게 됐고, 일이 많아지자 친구까지 합류시켰다. 중상을 넘어서고 있는 지금의 상황도 별반 다르지 않다. 애초 아는 사이거나 지인의 소개를 통해 직원이 되는 경우가 많다.

거기에다 일 자체가 함께 호흡을 맞추는 게 중요하기 때문에, 직원들을 내 밑에서 일하는 사람이라고 생각하기보다는 동지라고 생각하고 대하는 게 일의 능률성 측면에서 더 낫다. 사실 여기서는 책이라 부득이 '직원'이라는 표현을 계속 쓰고는 있지만, 현실에서는 직원이라는 말을 거의 안 쓴다. 다들 서로서로 형이고 동생이다.

그런데 모두 알겠지만, 원래 아는 사이일수록 함께 일하면 불편해지기 십상이다.

"네가 그 정도도 이해 못 해주냐?"

"형이 어떻게 이럴 수가 있어?"

이런 식으로 꼬일 수가 있고, 한 번 꼬이면 아는 사이라 더 풀기가 어려워지기 때문에 가능하면 그때그때 쌓인 감정을 풀려고 노력한다. 동생과 트러블이 있을 때는 아버지 산소가 중리동 공장 바로 옆에 있는 점을 활용해 동생을 아버지 산소로 데려가 같이 절하고는 했는데, 친형제라 그런지 효과 만점이었다. 진심은 그렇지 않은데 입장 차이 때문에 속이 상했을 뿐임을 서로 인정했고, 그다음에는 더 좋은 호흡으로 일하고는 했다. 다른 직원들에게는 술 한 잔 사면서 솔직하게 그때 내 입장은 이랬다, 섭섭할 수 있는 네 입장도 이해한다는 식으로 말을 하는 편이다.

입 다물고 꿍하니 있어봐야 좋을 거 하나 없고, 감정의 골만 더

깊어진다. 솔직하되 이성적으로 털어놓아라. 그럼 상대방도 어른이고, 먹고살기 위해 하는 일이라는 걸 알기 때문에 대부분 이해하고, 감정을 푼다. 그런 식으로 계속 해나가다 보니 이제는 나나 직원들이나 각자의 입장에서 한걸음 물러나 서로를 생각하게 되었고, 서로가 일적인 문제를 감정적으로 받아들여서는 안 된다는 암묵적인 룰이 형성되었다.

좋은 팀워크를 위해 먼저 몸으로 보여주는 것 또한 사장의 역할이다. 난 내가 할 수 있는 건 내가 다 한다. 사장이라고 뒷짐 지고 물러서지 않는다. 행동으로 보여주기 때문에 난 우리 직원들에게 나처럼 일하라고 말할 수 있고, 직원들도 이에 수긍을 한다.

근무하지 않는 일요일에는 나 혼자 공장 청소를 하고, 밀린 거래처 일을 한다. 이를테면, 다른 직원들이 가기 싫어하는 거래처 일은 평일에 갈 수 없는 상황이면 일요일로 미뤄서 내가 직접 간다. 그런데 이런 사실들을 직원들이 모르지 않는다. 월요일에 출근했을 때 깨끗이 청소된 작업장이 얘기를 해주며, 가기 싫은 거래처 일을 누가 했는지 서로 궁금해하기 때문에 결국 다 드러난다. 직접 고맙다는 표현은 하지 않더라도 직원들은 배려해주는 내 마음을 확실히 알아준다.

그래서 그런지 "약속 있는 걸 깜빡했는데 그 일 네가 대신 좀 갔다 와줄래?" 가끔 이런 부탁을 하면, 우리 직원 중 누구도 거절하는 사람이 없다. 대신 일하게 됐다는 사실에 불만도 없다.

"오늘 일 못 하겠는데, 먼저 들어가봐도 될까요?"

흔한 일은 아니지만 가끔 이렇게 직원들이 말해오는 경우도 있는데, 구구절절 캐묻지 않아도 그 직원 얼굴에 이미 무슨 일 있다고 딱 쓰여 있다. 그때는 "그래, 알았어. 들어가 쉬어"라고 하고 그날 그 직원이 해야 할 일을 장갑 끼고 내가 대신한다. 그리고 밤에 그 직원 집 근처로 찾아가 술 한 잔 같이 하자고 불러내 고민 상담을 시작한다. 대부분 돈 문제나 여자 문제일 경우가 많은데, 돈 문제 같은 경우는 급하게 돈을 융통해주기도 한다. 직원이 돈 문제에 꽉 잡혀서 일할 수 없는 지경에 이르는 건 막아줘야 한다는 게 내 생각이다. 대신 더 열심히 일하고 매달 월급에서 얼마씩 갚아나가라고 한다. 여자 문제 같은 경우는 "내가 더 좋은 여자 소개해줄게!"라고 허풍을 치기도 한다.

여기서 중요한 건 관심을 보여주는 데 있다. 문제 해결이 안 되더라도 누군가 관심을 갖고 자신의 얘기를 들어주고 같이 고민을 해준다는 것 자체가 굉장한 위로를 주고, 거기서 사람은 살아갈 힘을 얻게 된다. 난 그 점을 실천해 보이고 있고, 덕분에 우리 석수자원 식구들은 가족 같은 유대감을 형성하고 있다.

10년 넘게 함께 일하고 있는 최동섭 형이 좋은 조건의 스카우트 제의를 모두 마다하는 이유도 그래서다. 보육원에서 자란 동섭이 형에게 어느 날 갑자기 어머니가 찾아오셨다. 자식 옆에서 죽고 싶다는 어머니는 당뇨 합병증이었고, 당시 월세가 몇 달치 밀렸을 정도로 힘들게 지내던 동섭이 형은 어머니 간호를 위해 아르바이트로 석수자원에서 일을 시작했다. 지인의 부탁으로 형을 채용했던 나는 병 박스를 용달차에도 못 싣는 동섭이 형을 보며 처음에는 난감해했지만, 대출을 받고 다른 사람에게까지 돈을 빌려서 어머님 병원비며 장례비를 대줬고 장지까지 동행을 했다. 사업 초기라 당시 내 사정도 좋지 않았지만, 아르바이트 직원이라 해도 어찌 됐든 우리 회사에서 일하는 사람이고, 무엇보다 평생 한 번뿐인 부모님의 죽음이라는 점에서 도움의 손길을 건넸던 것이다. 형은 빌렸던 병원비며 장례비를 진즉 다 갚았음에도 지금까지도 그때 느꼈던 따뜻한 위로를 잊지 않고 있고, 가족 같은 끈끈함으로 "죽을 때까지 석수 네 옆에 있겠다"고 한다.

여러 사람과 함께 일하면서 깨달은 사실은, 이렇게 마음을 주고받을 줄 아는 사람이 일도 더 열심히 한다는 것이다. 마음을 주고받고 소통할 줄 알아야 위로받고, 거기서 힘을 내서 본인의 마음도 다잡고 성실히 일하게 된다. 현재 함께 일하는 직원들이 그렇다. 그런데 다른 사람은 아랑곳하지 않고 자신의 힘든 점만 내세우는 사람은 옆에 있는 사람의 어떤 말이나 행동에도 위로받지 못하고, 결국 직장을 그만둔다. 그리고 다른 직장을 다니다가 또 관두고, 결국에는 집 안에 틀어박혀 허송세월을 보내게 된다. 과거 나와 함께 일하다 관둔 몇몇이 현재 그렇다고 들었다. 그러니 소통하라. 그래야 더 잘 살 수 있다.

스케줄을 짤 때도 난 일방적으로 지시를 내리지 않는다.

"그 일 어떻게 할까?"

"이 작업은 누가 가면 좋을까?"

의견을 묻고, 함께 스케줄을 짠다. 이런 내 모습에 다른 고물상 사장님들은 혀를 차신다.

"그렇게 직원들을 휘어잡지 못해서 네가 무슨 사장이냐"

하지만 나는 진정한 효율성은 명령과 복종의 상하 관계가 아닌 소통에 기반을 둔 자율적 관계에서 달성된다고 생각한다. 일하러 나가보면, 다른 고물상 직원들이 나무 그늘 밑에서 담배를 피우거나 음료수를 마시면서 수다 떠는 모습을 심심치 않게 목격하게 된다. 그들은 그저 시간을 때우는 건데, 그렇게 빈둥대다 적당한 시간에 공장으로 들어가서는 그때까지 일한 척을 한다. 그럼 사무실을 지키고 있던 사장님들은 직원들이 그때까지 정말 일한 줄로만 안다. 그에 반해 우리 직원들은 근무 시간을 절대 허투루 낭비하지 않는다. 동선을 최대한 효율적으로 짜서, 쉴 새 없이 작업을 이어간다. 그런데도 나는 다른 고물상 사장님들에게 또 이런 핀잔을 듣고는 한다.

"9시부터 일하는 고물상이 세상천지에 어디 있어? 제정신이 박힌 거야?"

맞다. 우리는 다른 고물상들과 달리 꼭두새벽부터 일하지 않고, 일반 회사 근무 시간과 비슷하게 오전 9시부터 시작해서 오후 6시 혹은 6시 반, 늦어도 오후 7시까지는 일을 모두 끝낸다.

잠자는 시간까지 줄여가며 일 시킨다고 직원들이 열심히 일하는 게 아니다. 오히려 그렇게 일 시키는 사장에게 직원들은 반발심을 갖고 틈만 나면 시간을 때우려 들게 된다. 그래서 난 직원들에게 아침에 푹 자고 나와서 일하는 동안만큼은 열심히 일하라고 한다. 직원들도 내 생각이 옳다는 걸 알기에 근무시간 중 딴짓하는 일 없이 최대한 능률적이고 자율적으로 일한다.

자율적으로 일하니까 주인의식도 높아지고, 근무 시스템이 확립돼 있기 때문에 장기 근속자가 많기도 하다. 흔히 고물상은 수시로 들고 나는 직원이 많고 그래서 더 보통의 일반 회사로 보지 않는 시선들이 있는데, 그에 반해 우리 석수자원은 주변으로부터 안정적으로 다닐 수 있는 일반 회사 느낌으로 받아들여지고 있다. 사정이 그렇다 보니 우리 직원들도 그만큼 더 자부심을 갖고 회사 일이 곧 내 일이라는 생각으로 더 열심히 일하게 되는 것 같다.

해봤어?:
실패는 경험을 통해서만 알 수 있다

"실패할지는 경험을 통해서만 알 수 있다."

이 얘기는 내가 직원들에게 자주 하는 말인데, 고물상 일을 하면서 이 말이 진리라는 걸 수도 없이 느끼고 확인했다. 가장 대표적인 게 내가 고물상으로 자리 잡은 거다. 아내와 장인어른 빼고는 아무도 내가 고물상 일을 이렇게 오랫동안, 그것도 제대로 하게 될 거라 생각지 않았다. '저러다 말겠지' 같은 반응은 약과였다. "정신 나간 놈!", "쓰레기!"라는 말, 정말 수없이 들었다.

하지만 장인어른은 달랐다. 가끔 전화 통화로 이런저런 장사 아이디어에 대해 얘기를 할 때면 장인어른의 말씀은 늘 한결같았다. "해! 못 하는 게 어딨어!"

망설이던 나는 장인어른의 응원에 힘입어 일단 해봤다. 그랬더니 거의 할 수 있었고, 남들보다 빨리 기반을 잡을 수 있었다.

우리 직원들도 그렇다. 사회적으로 대우받지 못하고, '저 사람은 아니다'라는 식으로 취급받던 사람들이 석수자원에서 제 실력을 발휘하며 새로운 인생을 살고 있는 것이다. 일례로, 한때 안성에서 유명한 불한당이었던 정호식을 아르바이트 직원으로 쓰기로 했을 때 주변 사람들이 많이 반대했었다. 하지만 난 기회를 주었고, 결국 호식이는 술로 망가졌던 인성적인 면들을 회복하여 지금은 진솔하고 따뜻한 욕쟁이 할머니 스타일로 직원들 사이에서 인기가 많다. 일로도 메인의 위치에 있는데, 내년에는 결혼해서 가정도 꾸릴 예정이다.

"이거 힘들어서 못 해요. 그냥 돌려보내요."

가끔 직원들이 이런 얘기를 한다. 이를테면 큰 기계가 통째로 들어왔을 때다. 그 기계가 재활용되기 위해서는 그 기계를 구성하는 각각의 고물 품목들이 다 분리가 돼야 한다. 모터 같은 부품은 거의 철과 비철이 붙어있어 반드시 분리해야 한다. 그런데 기계 안에 든 두꺼운 동, 흔히들 구리라고 부르는 고물 하나를 떼어내는 것만도 굉장히 힘들고 위험하다. 산소 절단기를 써야 하고 열도 강해야 하며 고도의 집중력을 발휘해 작업해야 한다. 그러다 보니 직원들이 그냥 돌려보내자는 말을 하게 되는 거다.

하지만 난 다르다.

"못 해? 내가 하는 거 보여줄게."

그렇게 좀 오버를 한다. 나 또한 힘들기는 마찬가지이고, 처음 작업해보는 기계일 경우에는 상당히 오랜 시간 매달려야 한다. 그래도 해내긴 해낸다.

"봐라. 해냈지?"

의기양양해하는 내게 수긍을 하는 직원들도 있지만, 끝끝내 반대의견인 직원들도 있다.

"다른 일도 바쁜데, 시간 많이 걸리는 작업을 꼭 해야 돼요?"

꼭 해야 한다. 왜냐하면, 이 힘든 일을 해봐야 나중에 똑같은 일도 할 수 있고, 더 힘든 일도 할 수 있기 때문이다. 고물상은 노하우와 기술이 필요한 전문직이다. 쉬운 작업만 하면, 쉬운 것 밖에 못 한다. 어려운 것도 해봐야 노하우와 기술을 쌓고 발전을 할 수 있다.

그런데 힘들다고 그 기계를 돌려보내면, 그 기계가 하늘로 솟거나 땅 밑으로 가라앉지 않는 한 그 기계는 누군가에 의해 분리되고 재활용된다. 그럼 결국 그 누군가는 돈도 벌고 기술도 발전하게 되고, 우리는 그대로 머물게 된다. 왜 발전할 좋은 기회를 남에게 넘긴단 말인가. 이 기회가 나에게 왔음에 감사하고, 그 기회를 발판으로 최대한 발전해야 한다.

덧붙여서, 직원관리 또한 미리 겁먹지 말라고 조언하고 싶다. 마음에 안 드는 직원을 맘대로 자르고 내보내라는 말이 절대 아니다. 그런 사장님은 사장 자격이 없는 분이다. 내 얘기는 분명 나쁘게 분위기를 흐리는 직원이 있다 싶으면, 그 직원과 나와의 사적인 관계 때문에 모른 척, 못 본 척 넘어가서는 안 된다는 말이다.

우리 회사는 소통하면서 자율적으로 운영되는데, 그렇게 되기 위해서는 지켜져야 하는 암묵적인 룰이 있다. 서로의 입장만 고집하지 말고 서로를 배려해야 한다는 것이다.

그런데 내 동생이 그렇지 못한 면이 있다. 일은 굉장히 잘한다. 그건 나도 인정하고 다른 직원들도 다 인정한다. 일 잘하는 만큼 회사에서 역할도 크다. 스케줄을 최종적으로 짜고, 장비 관련 현장 일의 총책임자이기도 하며, 내가 자리를 비울 때는 책임감 있게 내 역할을 대신한다. 사람 챙길 땐 잘 챙기고 직원 관리도 잘한다. 그래서 종종 난 동생에게 의견을 묻기도 하고, 고민 상담을 주고받을 정도로 동생에게 기댈 수도 있게 됐다.

문제는 평소 내성적인 동생이 한번 짜증이 나거나 자기 마음에 차지 않을 때는 바로바로 그걸 표현해버린다는 점이다. 그러다 보니 직원들도, 거래처 사람들도 불편해하고, 은근히 동생 눈치를 보게 된다. 난 몇 번 그러지 말라고 했고, 계속 바뀌지가 않자 급기야 큰 결심을 했다.

"네가 아무리 내 동생이라고 해도 직장에서 너는 다른 직원들과 똑같아. 너로 인해 다른 사람이 왜 불편해져야 돼? 나가."

 동생은 고물상 일을 원해서 시작한 게 아니다. 일손이 부족했던 내가 꼬드겨서 하게 된 것이다. 그만큼 나는 동생에 대한 책임감이 있다. 그리고 지금껏 꾸준하게 내 옆에서 일해준 것에 대해 고맙게도 생각한다. 혹여 자만심이라도 생길까 봐 내가 동생에게 칭찬하기를 주저하고, 동생에게 사장 마인드를 기대하기 때문에 그냥 지나칠 일도 종종 혼내곤 한다는 것도 인정한다.

 하지만 아무리 그렇다 하더라도 아닌 건 아니고, 용납이 안 되는 건 안 되는 거다. 나와 사적으로 대단한 관계일지라도 따끔하게 지적해야 할 때는 지적하고, 도저히 안 되겠다고 판단이 될 때는 겁먹지 말고 담대하게 그 직원을 내보내야 한다.

 그런데 그 후 반성을 한 건지, 여우같은 건지 회사를 나간 동생은 직원들에게 전화를 걸어 "힘들다", "쌀 떨어졌어" 등등의 앓는 소리를 늘어놓았다. 직원들을 통해 이를 전해 들었지만 나는 흔들리지 않았고, 절대 복직은 없다며 마음을 굳게 다졌었다. 그러다 열심히 해보겠다는 동생의 말에 결국 6개월 만에 복직을 허락했다. 지금은 동생이 얼마나 달라졌는지 지켜보는 상황인데, 많이 좋아지긴 한 것 같다. 하지만 이걸로 끝은 아니다. 만약 동생이 또 다시 예전과 같은 모습을 보인다면 난 과감하게 다시 동생을 내보낼 것이다. 동생도 결국 이해할 것이며, 나 또한 내 행동에 후회하지 않으리라 생각한다.

 마지막으로 다시 한 번 강조하겠다. 겁내지 말고, 미리 실패를 걱정하지 말고 일단 해보라. 사람이 만들어 놓은 것 중에 사람이 못할 것도 없고, 남들이 하는 거 내가 못할 것도 없다. 이때 잊지 말아야 할 중요한 점은 안 될 것 같다는 마음으로 대충 시원찮게 뛰어들지는 말라는 것이다. 그건 괜한 에너지 낭비다. 열과 성의를 다할 자신이 없으면, 자신이 생길 때까지 마음을 다지며 기다려라. 그리고 됐다 싶으면, 후회 없이 에너지를 쏟아 부어라. 분명 성공은 당신이 거머쥐게 될 것이다.

절실함을 내면화하라:
나의 의지가 나의 미래를 만든다

난 고물상이 내 천직이라는 사실이 너무 좋다. 우선 고물상은 땀 흘리고 일한 만큼 그 대가가 반드시 주어지는 직업이기 때문이다. 그다음, 내가 내 직업 고물상을 좋아하는 이유는 함께함에 있다. 인간이 하는 거의 모든 일이 협업인 것은 사실이다. 하지만 고물상이 보여주는 협업의 밑바탕에는 진한 믿음과 단단한 희망이 있다.

고물상은 굉장히 위험한 직업이다. 고물상 일은 '신밧드의 모험'이라 불릴 정도로 그날그날 일이 다르다. 일상이 전쟁이고 긴장을 늦출 수가 없다. 그래서 재밌기도 하지만, 낯선 환경에서 매번 새로운 일을 하다 보니 한순간 방심하면 절단기에 손가락이 잘릴 수도 있고, 장비를 타다 사고를 당할 수도 있으며 압축기에 들어가 사망할 수도 있다. 그런 사고를 피하기 위해서는 집중해서 일해야 하고, 또한 같은 조가 된 사람끼리 서로를 믿어야 한다. 서로에 대한 믿음 속에 호흡을 맞추며 하는 직업이 고물상이다.

"굉장하네요! 이게 가능하군요!"

납품할 파지를 싣는 광경을 지켜보면서 대림제지 담당자들이 하는 말이다.

작업이 주로 이뤄지는 계륵리 제2공장 부지는 4백 평이 채 안 되고, 트럭이 움직이면서 작업하는 마당은 그보다 훨씬 더 작으니, 대림제지에 납품하는 대상들에 비하면 턱없이 작업 공간이 작은 편이라고 할 수 있다. 그래서 애초 담당 직원들은 과연 여기서 제대로 작업이 될까 반신반의했었다.

공장 마당에는 매일 25톤 트럭이 수시로 들어오는데, 한 트럭에 파지를 싣는 데 40분에서 1시간 정도 소요된다. 그러다 보니 그 틈에 다른 작업을 위한 트럭들도 들어오고, 어느새 마당에는 트럭들이 꽉 들어차게 된다. 그야말로 옴짝달싹할 수 없는 상황인 것이다. 그때는 장비와 트럭과 일하는 사람들이 일체가 되고, 트럭이 빠지고 장비가 움직이는 게 톱니바퀴처럼 잘 굴러가야만 사고가 일어나지 않는다. 당연히 일하는 사람들끼리의 호흡이 중요하고, 호흡이 끊어지면 큰 사고가 일어날 수밖에 없다.

　그런데 지금껏 대림제지에 납품할 작업을 하면서 단 한 번도 사고가 일어나지 않았으니, 불가능을 가능하게 하고 있다는 평가를 받는 것이다. 모두 우리 직원들이 그만큼 서로 믿고 좋은 호흡으로 노련하게 일하기 때문이라 하겠다.

　믿음과 함께 고물상 일에는 희망이 있다. 직장을 구하지 못한 사람들과 경제적으로 궁핍한 사람들, 그리고 몸이 불편한 사람들도 함께 일할 수 있는 직업이 고물상이다. 난 사회적으로 인정받지 못했던 사람들이 내 옆에서 일을 하고, 그 일을 통해 더 나은 미래를 꿈꾸게 된다는 사실이 너무 뿌듯하다. 더욱이 고물상 일은 사회적으로 꼭 필요한 일이다. 사회에서 인정받지 못하던 사람들이 사회에 꼭 필요한 일을 한다는 사실이 너무 아름답지 않은가? 일하는 본인에게도 좋고, 사회적으로도 좋은 일이다.

　마지막으로 내가 내 직업 고물상을 좋아하는 이유는 버려진 물건들에 새 생명을 부여하기 때문이다. 물건으로서의 소임을 다하고 이제는 버려진 물건들. 쓰레기로 취급받는 물건들. 충분한 이유가 있는데도 겉모습에 의해 재단되고 하찮게 대우받는 물건들이 안타깝다. 그래서 고물들을 수거할 때면 보듬어 안아주는 기분이 들기도 한다.

결국, 고물도 다시 태어나게 하고, 고물상 일을 하는 사람들도 다시 태어나게 만드는 고물상이란 직업은 희망인 것이다. 그것도 땀 흘린 만큼 대가를 받는 투명한 방식으로 서로 믿음을 주고받으면서 말이다. 그래서 나는 내 천직인 고물상이란 직업이 좋다.

그런데 살다 보면 어떤 직업이든 자신의 직업을 좋아하기는커녕 부끄럽게 여기는 사람들을 종종 만나게 된다. 즉, 나 무슨 일 하는 사람이라고 당당하게 말하지 못하는 사람들이 있다. 그런 사람들은 절대 그 일로 성공할 수 없다. 자신이 좋아하지도 않고, 자부심도 느끼지 않는 일을, 남들이 모르길 바라는 일을 해서 무슨 성공을 꿈꿀 수 있단 말인가.

"하지만 먹고살아야 하니까요." 누군가 이렇게 말할 수도 있다.

그렇다. 먹고살기 위해 어쩔 수 없이 일하는 사람도 있다. 그런 사람의 인생 목표는 먹고사는 것일 수도 있다. 아니면, 적어도 그 일을 통한 성공은 꿈꾸지 말아야 할 것이다. 그게 나쁘다는 말이 아니다. 이 세상 모든 사람이 확고한 목표를 갖고 성공을 꿈꾸며 살지는 않는다. 다만 먹고살게 해주는 그 일에 최소한 감사하는 마음은 가져야 할 것이다.

그런데 만약 자신의 직업을 통해 성공하길 꿈꾼다면, 무엇보다 먼저 자신의 직업을 하늘이 내린 천직으로 여기는 절실한 마음가짐을 가져야 한다. 이건 의지의 문제인데 그렇지 않으면, 절대 최선을 다하려 하지 않고, 최선을 다하지 않으면 절대 성공할 수 없기 때문이다.

나 같은 경우는 고물상 일을 하는 가운데 계획하고 구상했던 것들이 하나씩 이뤄지고 맞아떨어지는 걸 보면서, 그때마다 느꼈던 뿌듯함과 희열을 통해 고물상이 내 천직임을 새삼 확인할 수 있었던 것 같다. 하지만 새삼 확인을 했을 뿐, 난 월급쟁이 고물상일 때 이미 고물상을 나의 천직이라 마음속으로 생각했을 것이다. 그렇지 않고서야 그렇게 열심히 일할 수는 없을 테니 말이다. 1톤 트럭 장수 중 유일하게 나만 명함을 만들었고, 만나는 사람에게 무조건 명함을 돌리며 무지하게 열심히 일했었다. 아무나 그렇게 되진 않는다. 구체적으로 '천직'이라는 단어를 떠올리지는 않았지만, 난 아내와 장인어른과의 관계 속에서 하늘이 내게 내린 운명 같은 일이 고물상이라고 여겼던 것이다. 어쨌거나 내가 달려야 하는 길이 고물상이라 생각했다. 그래서 무조건적으로 열심히 일할 수 있었던 것이다.

여러분들도 '내 직업은 하늘이 내린 천직이야'라는 마음가짐을 갖길 바란다. 만약 결코 그런 마음을 가질 수 없을 것 같다면, 다른 일을 찾아보거나 그 직업을 통한 성공은 꿈꾸지 말아야 한다. 또한, 내가 소개한 노하우들 역시 여러분의 마음에 뿌리내리지 못할 것이다. 그러니 성공을 꿈꾸기에 앞서 자신의 마음가짐을 체크해보시길 바란다. 체크가 끝났다면, 자신의 직업을 천직이라 여긴다면, 이제부터 죽어라 달리면 되는 것이다. 지금까지 알려드린 석수자원의 원칙을 참고로 해서 말이다. 어떤가? 실행하기 쉬울 것 같나? 무난하게 따라 할 수 있겠다 싶으면 다행이다. 하지만 그렇지 않고 어려울 것 같으면, 그래도 실행해나가시라. 그래야 내가 느끼는 만큼의 자기만족과 자부심은 누리며 살 수 있으실 거다. 또 실상 해보면, 그렇게 어렵지도 않다. 내가 했는데, 여러분은 못 하겠나? 미리 안 될 거라고 생각하지 마시라.

"나의 의지가 미래를 만들며, 꿈꾸는 자만이 꿈을 이룰 수 있습니다."

EPILOGUE

함께 나누고 함께 행복하자

"아이고, 회장님, 오셨어요?"

수연상회에 갈 때면 김영수 사장님은 매번 그렇게 애정 담은 농담으로 반갑게 나를 맞아주신다. 사장님 앞에만 서면 난 처음 사장님을 뵀을 때로 돌아간 듯한 기분이다. 늘 좀 모자란 것 같고, 그러면서도 사장님께 감사한 마음이고, 그리고 요즘은 걱정도 된다. 사장님께서 현재 건강이 많이 안 좋으시기 때문이다. 거동도 불편하신데, 그래도 매일 수연상회를 여신다. 돈이 없으셔서가 아니다.

"몸이 허락되는 한 장사를 해야지. 그래야 내 자식새끼들한테 물건 줄 거 아니냐."

사장님께선 나를 포함한 많은 고물상의 스승님이자 아버지 같은 존재시고, 우린 당신의 자식새끼들이다. 그런 우리가 눈에 밟혀 일을 놓지 못하시는 것이고, 덕분에 난 좋은 파지와 헌 옷을 수연상회에서 가져올 수 있는 것이다.

"대림제지에 납품하게 됐다며? 이번에 고정식 집게도 장만했다면서?"

사장님은 나에 대해 손바닥 들여다보듯 훤히 다 알고 계신다.

"어찌 알긴? 안성에 소문 다 났으니 알았지."

이 말씀은 거짓말이다. 사장님은 밤중에 일부러 우리 석수자원 옆을 지나시면서 별 탈 없이 공장이 꾸려지고 있는지 달라진 건 없는지 살피신다. 그 엄청난 애정과 관심에 난 어찌 보답을 해드려야 하는 건지.

'계속 달려야 한다. 기대하시는 바에 어긋나지 않게 올바르게 계속 달려나가야 한다. 그리고 함께 나눠야 한다.'

더 많은 돈을 벌고자 무모한 도전을 하고 싶지는 않다. 급하게 달려나가고 싶지도 않다. 급하면 넘어지고, 특히 고물 일은 서두르다 보면 큰 사고가 나기 십상이다. 그래서 넘어지지 않을 만큼의 속도로 지금껏 쌓아온 틀을 지켜나가면서 계속 전진해나가고 싶다. 그렇다고 혼자 앞서나가는 건 싫다. 나의 동지들과 함께이고 싶다.

안타까운 건 현재 경기가 나쁘고 정체기라 달려나가기가 만만치 않다는 점인데, 그래도 예전에는 불가능했던 것들을 나누며 작은 보폭으로라도 전진할 수 있음에 다행이라 여기고 있다.

이를테면, 과거에는 고물 TV, 고물 냉장고 등을 우리 집에 가져가 사용했다면 이제는 썩 괜찮은 고물들은 중리동 창고에 따로 챙겨뒀다가 필요한 주변 분들에게 나눠주고 있다. 이를 아는 거래처 사장님들로부터 종종 전화도 걸려온다.

"외국인 노동자를 위한 기숙사를 지을 건데 혹시 냉장고나 진열장, 선풍기 있냐?"

그럼 나는 중리동 창고에서 가져가시라고 한다. 그 답례로 거래처와의 관계가 돈독해지는 것은 물론 때로는 다른 거래처를 소개받기도 하는데, 그럴 경우 괜찮다 싶은 다른 거래처 고물상에게 소개받은 새 거래처를 연결시켜준다. 예전에는 연락 오는 일들은 얄밉도록 모두 마다치 않고 다 했었다. 하지만 지금은 아니다. 현재 우리 석수자원은 중상을 넘어서고 있는 단계이기 때문에, 이제는 우리 아래 단계의 고물상들을 챙겨야 한다. 그럼 서로서로 좋고 서로서로 이익이 된다. 즉 연결된 다른 거래처 고물상들은 일이 많아져서 좋고, 우리 역시 그 고물상들로부터 물건을 삼으로써 지속적인 물량 확보가 될 수 있기 때문이다.

하지만 내가 가장 함께 전진해나가고 싶은 동지들은 우리 석수자원 식구들이다. 앞에서도 언급했지만, 사실 〈석수자원〉 식구들은 사회에서 그리 인정받지 못했던 사람들이다. 수많은 상처와 사연들은 희망이라는 것이, 꿈이라는 것이 그들에겐 얼마나 부질없는 것인지를 되새겨줄 뿐이었다. 하지만 〈석수자원〉에서 함께 꿈꾸고 함께 나누면서 그들도 희망이, 사치가 아닌 오늘을 살아가는 조그만 에너지가 될 수 있다는 것을 몸소 체험하고 있다. 나 이석수, 나아가 〈석수자원〉이 그들에게 그러한 메신저 역할을 할 수 있다는 것이 정말 자랑스럽다. 그리고 그들과 함께 전진해나간다는 사실 자체가 나또한 희망이며 꿈인 것이다.

"고물상 하면서 왜 직원이 이리 많이 필요해?"
"대체 인건비로 나가는 돈이 얼마야? 뭐 먹고 살려고 사람을 또 써?"
 다른 고물상 사장님들의 핀잔은 오늘도 계속된다.
 그런데 내 생각은 다르다. 고물 일은 고객이 부르는 즉시 최대한 빨리 가 물건들을 수거해 와야 한다. 고물상을 부르는 고객 입장에선 당연히 한시라도 빨리 고물들이 싹 치워지기를 바라기 때문이다. 고객의 마음을 충족시켜주는 게 장사의 기본이니, 전화를 받는 즉시 가야 한다. 그래야 고객이 만족하고 다음에 또 불러준다. 그런데 직원이 적으면 다른 일 하느라 바로바로 나갈 수가 없고, 그럼 고객이 만족하지 못하게 되고, 결국 거래가 계속 이어지기가 힘들어진다. 그런 불상사가 발생하지 않도록 일손이 확보돼 있어야 하는 것이다. 고물상치고 직원이 다섯 명 이상인 경우가 거의 없는 반면, 우리 석수자원 식구가 현재 열세 명인 이유가 바로 그래서다. 바로바로 일 처리를 해주니 물량이 늘고, 그래서 점점 직원을 많이 뽑게 된 것이다.

"트럭 드나드는 거 보면 엄청 일이 많네? 돈 정말 많이 벌겠어?"

이런 오해도 많이 받는데, 그렇지는 않다. 수익이 많은 대신 그 수익을 함께 나눌 사람들이 많기 때문에 남들 생각하는 것처럼 나나 직원들이나 돈을 굉장히 많이 버는 건 아니다. 하지만 난 이 시스템이 좋다. 그건 아마도 내가 골프나 도박을 절대 하지 않는 것과 비슷한 이유일 것이다. 요즘에는 특히 골프 치는 사람들이 많다. 1톤 트럭 고물상 하면서도 돈 좀 벌었다 싶으면 골프를 치기 시작한다. 그것도 거의 내기 골프다. 난 그런 내기가 싫다. 왜냐하면, 내기는 함께 나누는 것이 아니라, 누군가를 꺾고 약하게 만들면서 자기 혼자 강해지고 누군가의 것을 독차지하게 되는 것이기 때문이다.

난 다 함께 행복하고 다 함께 즐거운 게 좋다. 그래서 더 많은 사람들이 일할 수 있고, 더 많은 사람들이 행복해지는 우리 석수자원의 경영시스템이 좋다. 어떤 사람은 왜 떼돈 벌 기회를 스스로 포기 하느냐며 바보경영 한다고 놀리고는 하는데, 그게 바보라면 난 계속 바보이고 싶다. 장비를 더 사들이고 싶은 생각은 있어도 땅을 더 사거나 애먼 데 투자할 생각은 없다. 대신 사람에게는 지속적으로 투자를 하고 싶다.

그래서 앞으로는 가능한 한 직원들에게 좋은 기회와 좋은 자리를 제공할 계획이다. 일례로 곧 있으면 8년 동안 나와 함께 일한 친구가 인근에 새로운 〈석수자원〉을 여는데, 여러 방면으로 힘이 닿는 한 지원을 아끼지 않을 계획이다. 그리고 그런 지원을 앞으로 더 많이 해나가고 싶다. 대한민국 곳곳에 〈석수자원〉이 들어서는 그 날까지. 가능할까? 물론 가능할 것이다. 내겐 세상에 둘도 없는 최고의 동반자인 아내와 세상에서 가장 든든한 나의 동지들이 있으니 말이다. 그래서 나의 내일은 분명 더 행복할 것이다.